LAS MUJERES

Valientes

SON IMPARABLES

Libros de Valorie Burton publicados por Portavoz:

Las mujeres exitosas piensan diferente
Las mujeres felices viven mejor
Las mujeres valientes son imparables

LAS MUJERES

SON IMPARABLES

Experimenta
LA VIDA
INCREÍBLE
que Dios preparó para ti

VALORIE BURTON

EDITORIAL
PORTAVOZ

Título del original: *Get Unstuck, Be Unstoppable*, © 2014 por Valorie Burton y publicado por Harvest House Publishers, Eugene, Oregon 97402. Traducido con permiso.

Edición en castellano: *Las mujeres valientes son imparables*, © 2017 por Editorial Portavoz, filial de Kregel, Inc., Grand Rapids, Michigan 49505. Todos los derechos reservados.

Traducción: Rosa Pugliese

Diseño de portada: Dogo Creativo

EDITORIAL PORTAVOZ
2450 Oak Industrial Drive NE
Grand Rapids, Michigan 49505 USA
Visítenos en: www.portavoz.com

ISBN 978-0-8254-5680-0 (rústica)
ISBN 978-0-8254-6525-3 (Kindle)
ISBN 978-0-8254-8675-3 (epub)

1 2 3 4 5 edición / año 26 25 24 23 22 21 20 19 18 17

Impreso en los Estados Unidos de América
Printed in the United States of America

Contenido

Introducción

Mientras escribo este párrafo, puedo imaginar *tu rostro*: con tus ojos enfocados en estas páginas y la esperanza de leer palabras que, de una vez por todas, te ayuden a ser libre de tus limitaciones y avanzar rápidamente hacia los sinceros deseos de tu corazón. Sé que eres una mujer inteligente, optimista y motivada. Y sé una cosa más de ti: la palabra *limitada* resuena en tu espíritu... *y desearías que no fuera así.* Una parte de ti, si no *cada* parte de ti, está cansada de sentirse abrumada por la multitud de decisiones que tomar, *paralizada* por los temores que te han impedido correr riesgos en la vida, y de tener grandes sueños que parecen nunca hacerse realidad. Estás lista para avanzar. Tal vez solo necesites conocer algunas herramientas que te muestren cómo lograrlo. Estoy escribiendo este libro justamente para ayudarte a avanzar.

¿Qué implica tener una vida de limitaciones?

La *limitación* es un *patrón de pensamiento o comportamiento contraproducente* que te impide mover y avanzar hacia aquello que deseas. Normalmente, es el resultado de temores, confusión, caos, abatimiento, desesperanza, falta de claridad o pesimismo internos. Según esta definición, la limitación no es algo que sucede solo una vez. Si te caes una vez, te levantas y sigues adelante; no significa que vives limitada, sino que cometiste un error. Así es la vida. Pero si siempre te encuentras en situaciones similares y luchas con los mismos problemas, entonces la descripción más apropiada es que vives *atrapada* por tus limitaciones. Tal vez algunas de estas cosas hacen eco en ti:

- Tu temor al fracaso, al rechazo o a la desaprobación te impide ir en busca de tus sueños. En cambio, persigues objetivos que se consideran más factibles y aceptables.

- Tu hábito de dilación te produce mucha ansiedad. No importa cuántas veces intentes dejar de dilatar las cosas, parece que siempre tienes otra cosa que hacer cuando llega el momento de dedicarte a cualquier proyecto importante.

- No logras tener el control de tu agenda, pero no sabes por qué. Te frustras con regularidad por no poder llegar puntual a ningún lugar, por no poder terminar todos tus proyectos… ¡y no poder decir que "no" a una nueva petición!

- Siempre inicias relaciones que de alguna manera son negativas y disfuncionales. Aun cuando conoces a una persona nueva, la relación podría empezar bien, pero finalmente te decepcionas porque surge la misma dinámica.

- Raras veces, si acaso, pides lo que quieres, sino que tomas lo que otros te ofrecen y después te resientes con ellos, porque no te dieron lo que tú querías.

- Has intentado dejar esos malos hábitos—comer de más, fumar, endeudarte—, pero tus esfuerzos solo duran un tiempo y finalmente vuelves a caer en tus antiguos hábitos. Entonces te preguntas si vale la pena seguir intentándolo.

Tal vez sea ese duro golpe que todavía estás tratando de superar o la decisión que te llevó a la ruina y que ahora te arrepientes de haber tomado. O quizás no haya un hecho específico que parezca determinar tu vida de limitaciones, sino que las *limitaciones* se han convertido en una forma de vida. Te has acostumbrado a ello. Puede que ni siquiera pienses que vives limitada. Has llegado a creer que, simplemente, la vida es así. Pero muy en tu interior, sabes que te has resignado; y en realidad no te encuentras bien de esta manera, aunque trates de convencerte de lo contrario. Sientes una ansiedad constante —una falta de paz— por el estado de tu vida. De alguna forma estás en la voluntad de Dios, pero quieres estar en su perfecta voluntad, y eso va a requerir hacer cambios y ajustes. Puesto que has dado el paso de adquirir este libro y leer estas palabras, creo que estás lista para seguir adelante y volverte absolutamente imparable. ¿Cómo es eso? Espero ayudarte a comprenderlo en las siguientes páginas.

Al igual que tú, yo también he vivido limitada muchas veces

Escribo este libro para ti, no como alguien que siempre ha sido "imparable", sino como alguien que ha vivido limitada —muchas veces— y que de alguna manera logró ser libre y avanzar. También escribo como una consejera que ha ayudado personalmente a cientos de personas a seguir adelante y avanzar en sus carreras, relaciones, finanzas e incluso en su régimen para perder peso. (Leerás algunas de sus historias en las páginas siguientes). En cada caso, hay principios que interiorizar y aceptar. A lo largo de este libro haré referencia a estos principios y te mostraré la manera de ponerlos en práctica.

Los que me conocen se extrañan cuando comento mis problemas de desidia. Eso se debe a que ven el resultado final y no tienen idea de los hábitos pegadizos, contraproducentes y autodestructivos que he tenido que vencer para ser lo que soy. De modo que permíteme invitarte a conocer parte de mi proceso de aprendizaje en medio de las situaciones frustrantes, indisciplinadas y autodestructivas en las que comúnmente me encontraba.

Soy una desidiosa recuperada. Digo "recuperada", porque suelo tener alguna recaída de vez en cuando —o varias veces—, como cuando tenía que empezar a escribir este libro. Podrías pensar que cuando una autora empieza a escribir su décimo libro, ya tiene sus hábitos perfectamente desarrollados. Yo no. Todavía sigo peleando con el demonio de la desidia, que me susurra una y otra vez: "Déjalo para mañana. Falta mucho para la fecha de entrega de ese manuscrito. Además, tienes que hacer más bosquejos, organizar otras cosas y lavar ropa". Si alguna vez estuviste dilatando algo necesario para hacer otra cosa —sea cual sea— incluso otras cosas que estuviste posponiendo y que ahora por comparación parecen más fáciles, entonces seguramente te podrás identificar. Suelo decirle *sí* a la voz de la desidia por un tiempo, pero luego llega un momento de decisión cuando tengo que girar en la dirección correcta y decir: "No, tengo un deber que cumplir. Soy escritora, y tengo que escribir". Y con el uso de las diversas herramientas que te mostraré, puedo hacerlo.

Me sentía limitada en una profesión que no era para mí. En realidad, no era un empleo. Yo era dueña de una empresa. Pero estaba dedicada a algo que no me apasionaba. Y me iba bastante bien, ¡lo cual indicaba que la gente me buscaba por mi trabajo! No quería admitir que no quería dedicarme a eso. En oración y meditación, finalmente, descubrí lo que verdaderamente quería hacer (y que es lo que estoy haciendo actualmente): inspirar a las mujeres a experimentar una vida más plena. ¿El problema? No sabía cómo vivir económicamente de eso. Es decir, en teoría, sabía cómo hacer dinero: vender libros y dar conferencias. Simple, ¿verdad? Más fácil es decirlo, que hacerlo. Pero, por la gracia de Dios, y mucha tenacidad, hoy día estoy feliz de poder vivir de lo que me gusta. Mi momento de decisión fue un día en la ducha. Salí de la cama con desgana para ir a la oficina a dedicarme a un trabajo que no me gustaba, cuando en realidad lo que quería hacer era escribir y dar conferencias. Me metí en la ducha y, de repente, no pude contener las lágrimas. El llanto de mi espíritu se parecía al de una niña de primer grado que no quería ir a la escuela ese día.

—Pero no tengo ganas de ir a trabajar. ¡No quiero ir!

Sin embargo, no eran solo mis emociones. Podía sentir en mi espíritu que Dios me estaba hablando.

—Es el momento de dar el salto —me dijo el Espíritu Santo.

—Pero ¿cómo? —protesté.

—Yo te mostraré cómo hacerlo —me aseguró—. Tendrás miedo. Pero estarás bien.

Así que cambié de rumbo y di el salto. Era el año 2001. El Espíritu Santo tenía razón. Tenía miedo, mucho miedo. Pero estoy bien. Más que bien.

Me sentía estancada financieramente. En un momento de mi vida, había acumulado muchas deudas de tarjetas de crédito y caminaba con demasiado peso sobre mis hombros. En mi mente siempre tenía el constante estrés de sentirme bajo presión y ahogada en deudas. Sin embargo, muy a menudo me las ingeniaba para ir de compras y sacar mis tarjetas de crédito para hundirme más. Me tomaba vacaciones financiadas por las tarjetas de crédito. No pude resistir la tentación de comprarme un automóvil convertible a plazos cuando me podía seguir arreglando con mi vehículo de cuatro puertas, totalmente pagado, si tan solo le hacía algunas reparaciones. Vivía limitada por los malos hábitos enraizados en una baja autoestima. "Si quiero que me vaya bien, tengo que dar una buena imagen", razonaba.

Pero ese razonamiento era mentira. Una noche, arrodillada en oración —mientras le suplicaba a Dios que me enviara milagrosamente una gran suma de dinero que borrara todas mis deudas— tuve convicción de pecado y escuché en mi espíritu: "Debes arrepentirte". Segura de que estaba haciendo lo correcto al pedirle a Dios que me ayudara, me sorprendí por esa insinuación y pensé: *¿De qué me tengo que arrepentir?* Ahí llegó la respuesta. Creo que era la voz de Dios que me estaba revelando la falta que no podía ver en mí: "Yo no te dije que te endeudaras de esa manera. Tú lo hiciste. Te ayudaré a salir de deudas, pero no te voy a enviar el dinero. Tendrás que encontrar la forma de salir de tus deudas". Y lo hice. Tuve que tomar algunas medidas financieras. Tres años sin salir de compras y mucha concentración, y salí de deudas.

Pero mi peor limitación era la de mis relaciones. En ese momento no sabía de qué se trataba. Sin embargo, después de haber recibido un duro golpe y caer en un profundo pozo, llamado divorcio, a los 36 años supe —con mucha oración, examen de conciencia y consejería— que era codependiente.

Apenas conocía esa palabra. Y, por supuesto, no era así como me hubiera gustado definirme. Pensé que solo era una definición para los cónyuges y los hijos de personas alcohólicas. Realmente aquellos que han lidiado con un ser amado alcohólico o drogadicto conocen la rutina de adaptarse al comportamiento irracional y disfuncional de otra persona. Pero el mismo patrón de conducta contraproducente se aplica a diversas situaciones. La codependencia es actuar como si el comportamiento anormal fuera normal;

acceder a cambiar para suplir las necesidades y conceder los deseos de otros, generalmente, en detrimento de lo que uno quiere y necesita. Melody Beattie lo describe de la siguiente manera en su libro *Libérate de la codependencia*:

> "Ellos [los codependientes] dicen que sí cuando quieren decir que no. Tratan de hacer que los demás vean las cosas como ellos. Les cuesta expresar su desacuerdo para no herir los sentimientos de nadie, y de esa manera se hieren a sí mismos. Tienen miedo de confiar en sus sentimientos. Creen las mentiras de los demás y después se sienten traicionados... Luchan por sus derechos, aunque les digan que no tienen ninguno. Se visten con sayal, porque creen que no merecen vestirse de seda".[1]

Vivía limitada por hábitos que ni siquiera sabía que eran un problema. Solo estaba tratando de ser una buena persona, una buena cristiana, de amar a otros y estar dispuesta a sacrificarme por ellos. Pero lo hacía de una manera nociva, que me hacía sentir inferior y menospreciada, porque estaba sacrificando justamente aquello que sabía, de manera fehaciente, que era la voluntad de Dios para mí. Sabía que algo andaba mal y que estaba cansada de eso. Tal vez te ha pasado lo mismo.

Una noche llegó el momento de decisión mientras me miraba en el espejo del baño. Era hora de tener una conversación íntima y franca con la mujer del espejo. Fue breve y directa. Estaba cansada de llorar y de estar decepcionada; estaba cansada de tener éxito en otras áreas y de fracasar en esta. Tenía suficiente fe para creer que no tenía que seguir dando vueltas en ese ciclo vicioso durante el resto de mi vida. No. Podía cambiar. Podía tomar una decisión. Yo era siempre la que les decía a otros: "Solo seguirás viviendo limitada, si decides seguir así". Y yo no quería seguir así, entonces dije en voz alta:

---

1. Melody Beattie, *Codependent No More* (Center City, MN: Hazelden, 1992), p. 35. Publicado en español con el título *Libérate de la codependencia*, por Editorial Sirio; y *Ya no seas codependiente*, por Editorial Nueva Imagen.

"Eres una mujer sana y entera, y tus relaciones serán saludables y funcionales".

Ese día tomé la decisión de salir, de ser libre de mis limitaciones y avanzar. Di el paso más importante. Tomé una nueva dirección. Antes de ese día, había una pequeña voz dentro de mí que insistía en que al no haber aprendido lo que era una buena relación en los primeros años de mi vida (como una hija de padres divorciados) estaba destinada a seguir el mismo ejemplo. Era una mentira que había decidido creer. Ese día, decidí revertir esa mentira. Decidí que la primera parte de esa declaración era correcta: no había aprendido los mejores hábitos en los primeros años de mi vida. Pero la segunda mitad era incorrecta. No estaba destinada a correr la misma suerte. Podía aprender nuevas habilidades relacionales, desde cómo elegir bien y cómo amar bien.

Pronto, empezó a venir a mi mente un pasaje bíblico. Puesto que sabía que era para mí empecé a meditar en él con bastante frecuencia. Y creo que también es para ti:

> No os acordéis de las cosas pasadas, ni traigáis a memoria las cosas antiguas. He aquí que yo hago cosa nueva; pronto saldrá a luz; ¿no la conoceréis? Otra vez abriré camino en el desierto, y ríos en la soledad (Is. 43:18-19).

Dios quiere hacer cosas nuevas en ti. Lo que ocurrió en el pasado no tiene que dictar tu futuro. El hecho de que hayas elegido este libro es un indicio de que quieres algo nuevo, algo mejor que los ciclos repetitivos que te han hecho vivir limitada. Al leer estas páginas, tendrás que tomar una decisión. La decisión de ser libre y avanzar. La decisión de tomar otro rumbo en tu vida. Rechaza la mentira de que no es posible cambiar. Decide creer la verdad: Para Dios todo es posible.

Ya sea al dar el paso de escribir este libro, abandonar una carrera que no me apasionaba, salir de deudas o, finalmente, recibir y dar el amor que Dios siempre quiso para mí, he aprendido que el cambio comienza cuando reencauzas tus pensamientos y tus acciones en la dirección de lo que quieres, sea cual sea la historia de tu vida. Con la guía y la fortaleza de Dios, escribirás una nueva historia.

Sea cual sea tu situación, este libro es una herramienta que transformará tu vida y volverá a escribir el libreto de tu vida. Tengo cuatro objetivos con este libro:

1. Que tomes conciencia de las emociones y los motivos que en este momento te impiden seguir adelante y avanzar.

2. Inspirarte a conquistar esas emociones y esos motivos cada vez que surjan.

3. Ayudarte a reescribir tu historia de tal manera que muestre el poder de Dios en tu vida.

4. ¡Darte fuerzas para avanzar hacia la vida maravillosa que Dios ha diseñado para ti!

Hay varios componentes en tu caja de herramientas, que te darán fuerzas para cumplir estos cuatro objetivos:

- *Declaración.* Gran parte de tus limitaciones es simplemente el lenguaje que usas; qué piensas de tus circunstancias presentes y de tu futuro. Cada capítulo comienza con una declaración. Léela en voz alta. Dila con sentimiento. Tus palabras tienen el poder de la vida y la muerte, y a lo largo de las páginas de este libro darás vida a cosas maravillosas con tus palabras.

- *Inspiración.* La decisión de dar el paso de avanzar ocurre en los pequeños momentos de inspiración y determinación. A veces todo lo que necesitamos son algunas palabras que nos reten a cambiar nuestra perspectiva en determinadas ocasiones; una inspiración que nos impulse a seguir adelante. De modo que ten la libertad de buscar la inspiración que te ayude a entender lo que te está pasando en un momento dado. Cada capítulo es breve y termina con un consejo de mi parte para que sigas adelante. Te daré un ejercicio que te ayudará a avanzar de una manera palpable. ¡No dejes de hacer esos ejercicios! Si los haces, experimentarás una verdadera transformación. Recuerda que la clave es la persistencia.

- *Oración*. Al final de cada capítulo hay una oración poderosa. Hablar con Dios, declarar las grandes verdades de su Palabra, fortalece tu fe e invita a lo sobrenatural. Pero demasiado a menudo, como creyentes, tratamos de movernos en nuestras propias fuerzas en lugar de pedir que el poder de Dios se manifieste en nuestra vida. Incluyo oraciones, porque quiero darte la oportunidad de rendirle a Dios toda tu frustración, tus impedimentos o aquello que te abruma. Invítalo a intervenir en tu vida. Pídele que te guíe, te ayude y haga milagros... y te prometo que te asombrarás de lo que sucederá.

Cómo avanzar y ser imparable

El objetivo aquí no es solo que avances, sino que seas imparable. La "imparabilidad" (¡sí, inventé esta palabra, pero ya sabes lo que quiero decir!) es resiliencia. La resiliencia no significa que no vas a trastabillar o caer. No implica que necesites tomarte un respiro o recuperarte de tus fracasos y errores. Sino que, sea lo que sea que te haya pasado, haces todo lo posible por recuperarte, sanarte, levantarte y seguir adelante. La vida es impredecible. A menudo, nos suceden cosas que no quisiéramos que sucedan. La pregunta es ¿permitirás que tu vida se termine por completo ante cualquier circunstancia difícil o negativa que enfrentes? ¿Buscarás la perfecta voluntad de Dios para tu vida? ¿Tendrás fe en las cosas maravillosas que Dios tiene guardadas para ti si crees y actúas conforme a lo que crees?

Cuando te vuelves imparable, eres una personificación del poder de Dios en tu vida. Dios puede usarte para atraer personas a Él, porque ven a Dios cuando escuchan tu testimonio. Ven que el poder de Dios se perfecciona en tu debilidad, y quieren esa clase de poder. Ven la manifestación de fe, gracia y milagros sorprendentes en tu vida. Algo les dice que no eres solo tú, sino el poder que actúa *en ti*, y empiezan a desear ese mismo poder.

Cuando aproveches estas herramientas en tu vida, aprenderás a usar la fuerza más poderosa que tienes para ser libre de los patrones que sabotean tu potencial. Esa fuerza es tu mentalidad.

Subamos juntas a las alturas donde Dios te está llamando. Allí te espera algo más, algo más grande, algo mejor. Es hora de seguir adelante y avanzar hacia la vida maravillosa que Dios ha diseñado para ti.

¡Empecemos a avanzar!

Ocho reglas irrefutables para avanzar y ser una mujer imparable

*C*uando estaba atravesando una de las situaciones más difíciles de mi vida y necesitaba tomar una decisión radical, leí una historia que describía exactamente cómo me sentía en ese momento: era consciente de la necesidad de seguir adelante, pero tenía temor al dolor que me provocaría dar el paso de avanzar. Esta es la historia:

Después de una semana de trabajo extremadamente agotador, el sábado en la noche, un campesino fue a cenar y a tomar un trago en la cantina del pueblo para relajarse un poco. El problema fue que no bebió solo un trago ni dos ni tres. Siguió bebiendo hasta que el cantinero se negó a servirle otro trago. Entonces se levantó y empezó a regresar tambaleante a su casa, que estaba a solo un kilómetro de distancia, pero, en su condición, la caminata parecía eterna. Así que decidió tomar un atajo y cruzar por la propiedad y el jardín de su vecino que estaba lleno de rosales. Las rosas todavía no habían florecido del todo, de modo que había más espinas que flores. Eso era peligroso para un hombre ebrio, que regresaba a su casa tambaleante. Cuando el campesino se tropezó con los cordones de sus zapatos, cayó boca arriba sobre un lecho de espinas. Trató de levantarse rápidamente, pero, como ya había perdido el equilibrio, volvió a caerse sobre el mismo lecho de espinas. Se quedó allí pensando qué hacer, pero el alcohol pudo más y se quedó dormido.

A la mañana siguiente, se despertó sorprendido al verse rodeado de todo ese rosedal. Cuando trató de ponerse de pie, ¡sintió el dolor más punzante e insoportable que jamás había experimentado! Intentó moverse y quitarse las espinas, pero el más leve movimiento era tan doloroso que decidió era mejor quedarse inmóvil. Entonces se quedó allí tan quieto como pudo sobre ese lecho de espinas. Aunque le dolía estar allí, estaba paralizado por el temor ante el solo pensamiento de moverse.

Eso es como estar paralizada. Entre reconocer que necesitas moverte y ser completamente libre está tu propio lecho de espinas. Puedes levantarte y empezar a caminar, pero a veces es más cómodo quedarte donde estás en vez de soportar el dolor de hacer un cambio, ya sea que se trate de dolor real o de la angustia mental de la postergación, la ansiedad y la falta de confianza.

Salir de esa parálisis requiere una serie de decisiones. Cuando has estado paralizada por mucho tiempo, esa primera decisión de moverte puede ser la más agónica. Y las subsecuentes son aterradoras también. Todo es necesario si quieres avanzar hacia la vida maravillosa que Dios tiene reservada para ti, la vida que tendrás cuando calmes tus temores y te muevas en completa y total fe. Pero valdrá la pena.

1. **No puedes avanzar si sigues mirando atrás**. Deja de mirar la puerta cerrada. Suelta el pasado. Vive en plenitud tu presente.

2. **Meditar en el obstáculo solo lo hace más grande**. Mantén tus ojos en tu meta y no en tu problema y el problema será más pequeño.

3. **Las emociones nos enseñan**. Presta atención a los mensajes que tus emociones te envían. Deja de reaccionar al temor y empieza a responder.

4. **La inspiración no irá detrás de ti**. Si la buscas con todo tu corazón, siempre la encontrarás.

5. **No puedes controlar los pensamientos que vienen a tu mente, pero puedes controlar en cuál de ellos meditar**. Elige tus pensamientos con mucho cuidado.

6. **Tus palabras son herramientas**. Tus palabras pueden paralizarte o impulsarte hacia adelante. Ten cuidado con lo que dices. Elije palabras que te estimulen y te fortalezcan, no que te victimicen y te debiliten.

7. **Todo aquello que sea el centro de tu vida la controlará.** En vez de centrar tu vida en cumplir tus anhelos y sueños, centra tu vida en Aquel que nunca cambia.

8. **Para ser una mujer imparable, debes vencer el momento.** La clave para ser libre de tus limitaciones y avanzar está en la euforia del momento, en el pico máximo del temor, la duda y la indecisión. Cuando reúnes la energía mental, emocional y espiritual que necesitas para dar el siguiente paso al frente.

1
$\mathcal{D}$i la verdad

Declaración

Hoy decido escuchar la sabiduría interior divina que
me susurra la verdad. No la voy a ignorar. No la voy
a evadir. Tengo el valor de aceptarla —sin importar
las consecuencias—, porque Dios me está hablando.
Cuando presto atención a su sabiduría, no tropiezo
ni me siento limitada. Cuando acepto la verdad y
rechazo el temor, soy una mujer imparable.

Puntos clave

- Cuando enfrentas la verdad, eres libre.
- Tu realidad no cambiará hasta que tomes conciencia de la realidad.
- Acepta la verdad sobre la condición de tu vida y te estarás proyectando hacia la que realmente deseas.

¿Por qué ignoramos la verdad? O, incluso, ¿por qué la evadimos? Tenías la sospecha de que esa persona no era lo que parecía ser, pero de todas maneras iniciaste una relación con ella… y ahora te sientes atrapada y quieres cortar con esa relación.

Sabías por instinto que no era el momento indicado para hacer esa inversión de dinero, pero lo querías y lo compraste. Ahora te quedaste atada a una deuda que te está causando problemas.

No querías aceptar ese proyecto. De hecho, sentiste que no debías aceptarlo cuando te lo pidieron; pero tu personalidad complaciente te llevó a decir que *sí*, ¡y ahora estás en una encrucijada, resentida y completamente agobiada!

Sabías que no era una carrera profesional para ti, pero por temor o inseguridad o por lo que otros pudieran pensar, la elegiste igual. Para ser clara, no digo nada de esto para condenarte; sino para que podamos comenzar a transitar por este camino desde un lugar de sinceridad.

El primer paso para ser libre de tus limitaciones es simple: reconocer la verdad y actuar en función de ella. Sé que es más fácil decirlo que hacerlo. Reconocer la verdad y actuar en respuesta a ella podría herir susceptibilidades y ganarte la antipatía de los demás. Incluso te podrías sentir ridícula a veces. Pero nada nos paraliza más que ignorar esa voz suave y apacible que persistentemente nos habla, si tan solo le prestamos atención. Piensa en el área o áreas de tu vida donde actualmente te sientes limitada y escríbelas en el espacio siguiente:

_____

_____

_____

_____

_____

A continuación, responde esta pregunta: si en este momento Dios te estuviera hablando sobre lo que acabas de leer ¿qué te diría de las áreas donde te sientes limitada? Escribe cualquier palabra, pensamiento y mensaje espiritual que hayas sentido, por más pequeño que sea.

_____

_____

_____

_____

_____

Ahora, según lo que sientes que Dios podría estar diciéndote:

¿Es tiempo de hacer qué?

_____

_____

_____

¿Es tiempo de decir qué?

_____

_____

_____

¿Es tiempo de hacer qué cambio?

_____

_____

_____

Decir la verdad es un paso simple, pero uno de los más valientes. Te hará libre y te conducirá a una vida absolutamente imparable. Para dar el primer paso, creo que Dios te está pidiendo primero que seas sincera. Responde a algunas preguntas simples, pero valientes:

- ¿Qué tienes miedo de admitir?

- ¿Qué temes realmente que pueda suceder si te atreves a cambiar?

- ¿La aprobación de quién tienes miedo de no ganar que te lleva a renunciar a tus sueños, tu visión y tu libertad?

- ¿Qué estás evitando por temor a enfrentar las consecuencias de un cambio?

- ¿Y qué tendrías que dejar atrás para poder avanzar hacia la vida que Dios diseñó para ti?

Sé que no son preguntas fáciles, pero creo que las respuestas están dentro de ti. Son tan poderosas que, cuando las respondas con la verdad, tus próximos pasos comenzarán a revelarse asombrosamente. Puedes evadir o ignorar la verdad, pero no desaparecerá. Ese es el poder de tener el valor de decirla.

La verdad te despierta del profundo sueño de las mentiras. Cuando fingimos no escuchar la voz del Espíritu Santo o nos resistimos a prestar atención a esa voz, vivimos una mentira. "Dios, ¿me estás diciendo que el hombre con el que estoy saliendo no es para mí? Pero hace tiempo que somos novios. Invertí demasiado. Si no sigo con él, ¿entonces qué? Volveré a estar sola. Nunca volveré a conocer a otro hombre. Dios, ¿eres realmente tú el que me está hablando? No, no lo creo. Mejor me quedo como estoy". Y pasan los años, pero la relación no progresa. Te sientes paralizada.

O tal vez no sea una relación. Quizá sea tu manera de administrar el dinero. Sabes que Dios te ha estado mostrando que debes ser una mejor administradora, defender lo tuyo y negociar cuánto vale tu aporte, pero la sola idea de hacer eso te aterroriza. Te imaginas que te humillas para pedir un aumento de salario y que tu jefe te echa de su oficina, o que le dices al agente del concesionario que quieres un mejor precio por tu auto y que se te ríe en la cara. "¡No! —podrían responder disgustados— ¿quién se cree que es?". Entonces, te quedas callada. Tú no solo quieres un mejor trato o un mejor pago, sino que *lo necesitas*. Pero tus sentimientos de inseguridad podrían llevarte a simular que todo está bien financieramente, cuando no es así.

Si aceptas la verdad de lo que sabes muy dentro de ti, serás libre para caminar hacia la vida que Dios ha preparado para ti: una vida en su perfecta voluntad. Es una vida de fe. Sales sin ninguna garantía excepto la promesa de Dios de que nunca te dejará ni te desamparará y su afirmación de que, si te deleitas en Él, Él te concederá las peticiones de tu corazón.

¡Sigue adelante y sé una mujer imparable!

1. **Ve a un lugar tranquilo**. Durante dos minutos, cierra tus ojos y respira hondo… llena tus pulmones de aire lentamente. Inhala durante cinco segundos. Contén la

respiración cinco segundos. Luego exhala durante ocho segundos.

2. **Medita** en las palabras de Jesús, que se encuentran en Juan 8:31-32: "Si vosotros permaneciereis en mi palabra, seréis verdaderamente mis discípulos; y conoceréis la verdad, y la verdad os hará libres". La verdad de la Palabra de Dios siempre te hará libre, así como la verdad sobre tu situación.

3. **Di la verdad**. Después de meditar en la cita bíblica, toma conciencia sobre el mayor reto que enfrentas y responde estas preguntas: ¿Qué verdad o verdades no has querido admitir? ¿De qué manera ha afectado eso tu capacidad de avanzar en la vida?

Oración

Señor, dame el valor de enfrentar la verdad y no ignorarla. Dame la fe de confiar en tus insinuaciones cuando la verdad me aterra. Dame el valor y la determinación de dar los pasos necesarios. Tu presencia en mi vida me da poder. Quiero honrar esa presencia y seguir tu guía en todas las cosas, especialmente, cuando el temor intenta paralizarme. Gracias, Dios, por hablarme. Ahora te pido que me ayudes a actuar en respuesta a tus palabras. Amén.

2

Crea un banco de fe

Declaración

Hoy decido abrir mis ojos a los milagros sorprendentes que ya ocurrieron en mi vida: oportunidades que no pude haber provocado sola, bendiciones que no esperaba recibir cuando más las necesitaba y personas que se cruzaron en mi camino en el momento indicado. Cuando veo lo que Dios hizo en mi vida, tengo más fe para creer lo que puede hacer ahora.

Puntos clave

- Como una abogada hábil y persuasiva, reúne pruebas de los milagros de Dios en tu vida.

- Deja de dar razones de que por qué no puedes seguir adelante y empieza a resaltar las razones de por qué sí puedes hacerlo.

- Investigaciones revelan que las personas optimistas son más propensas a recuperarse de las adversidades y a superarse contra todos los pronósticos desfavorables.

- Fijarte en qué te fue bien en el pasado te da confianza para el futuro.

La duda es inevitable. Es uno de los medios que el enemigo usa para hurtar, matar y destruir los sueños. Si quieres experimentar la vida maravillosa que Dios ha diseñado para ti, tienes que equiparte con un arsenal de fe. Y una de las maneras más rápidas de operar en fe es recordar constantemente los milagros de Dios en tu vida.

Vamos a hacerlo ahora mismo. Cuando piensas en el pasado, ¿cuáles son los tres milagros más grandes que hizo Dios que te ayudaron a atravesar una prueba o a tener la victoria? Considera tu vida familiar, tu salud, tus relaciones, tus finanzas y tu trabajo. Estoy segura de que tienes más de tres ejemplos, pero te pido que enumeres los tres más importantes para ti:

1. _____

_____

_____

2. _____

_____

_____

3. _____

_____

_____

Si Dios hizo esas cosas, ¿qué más podría hacer Él en tu vida? ¿En qué necesitas confiar en Él?

_____

_____

_____

_____

_____

_____

Reúne pruebas de la fidelidad de Dios en tu vida. Cuando pases por momentos y etapas de dudas, recurre a tu "banco de fe" como un recordatorio de…

• Cuán bueno ha sido Dios en tu vida.

- Su poder asombroso y a menudo inexplicable para orquestar todas las cosas para tu bien.

- Cuántas veces dudaste, mas, sin embargo, Dios hizo un milagro.

- "que a los que aman a Dios, todas las cosas les ayudan a bien, esto es, a los que conforme a su propósito son llamados" (Ro. 8:28).

- Qué pasa cuando confías en Él.

Cuando crees el banco de fe, hazlo estratégicamente. No pienses solo en las áreas donde necesitas edificar más tu fe. Más importante, considera las áreas donde ya tienes una fe fuerte. Reflexionar en ejemplos contundentes de tu vida puede fortalecer tu confianza de que Dios puede hacer lo mismo en otra área de tu vida.

Por ejemplo, Denise ha sido muy exitosa en su vida profesional. Sus colegas se refieren a ella irónicamente como la "niña de oro". Desde que se graduó de la universidad, consiguió un buen puesto de trabajo en una importante compañía. La promocionaron rápidamente y obtuvo varios ascensos hasta que, a los treinta años, ya era vicepresidenta. Cuando cumplió treinta y dos, se independizó y abrió su propia empresa. Tenía buenas amistades, bastante dinero y buena salud. Le faltaba solo una cosa que quería, pero parecía que nunca conseguiría: una buena relación.

A lo largo de los años, sus relaciones se terminaban por diferentes razones. A veces los hombres parecían inseguros frente a sus éxitos profesionales y financieros. Otras veces, parecía elegir muchachos que simplemente no eran para ella: eran irresponsables, ocultaban problemas graves o no estaban interesados en una relación duradera. Denise iba a sesiones de consejería. Trataba de minimizar sus logros laborales. Se registró en sitios para buscar pareja. Oraba. Pero, a decir verdad, ya no creía. Pensaba que esa parte de su vida se debería haber resuelto cuando tenía veinte años. Ahora, sentía que se le había pasado el momento. Y empezó a renunciar a sus sueños de casarse y tener una familia.

—Dios me ha bendecido de muchas maneras. Tengo mi familia, buenas amistades y un trabajo excelente. ¿Qué más puedo pedir? —me dijo un día—. No hay muchos candidatos posibles de mi edad. O están casados, o bien tienen problemas, o no están interesados en estar con una mujer que tiene demasiados éxitos profesionales.

—¿De veras? —le pregunté—. ¿Piensas que Dios puede hacer todo lo que hizo en tu vida, pero no puede darte el compañero ideal para ti?

—Bueno... no me lo ha dado —dijo ella.

—Aún no —le dije—, pero te voy a hacer una pregunta: ¿Cuál es la probabilidad de que una estudiante universitaria consiga trabajo apenas se gradúa?

Se animó y sonrió con una expresión de gratitud.

—Bueno, había muchos candidatos. Trabajar para una importante cadena de televisión es algo que muchas personas desean. Así que la competencia era bastante fuerte. Para el sector donde entré, había diez puestos y seis mil aspirantes.

—¡Impresionante! —exclamé. Sabía que había empezado muy bien su carrera profesional, pero desconocía que había sido tan peculiar.

—Y ¿qué me dices de todas las promociones y oportunidades que tuviste con apenas veintitantos años? ¿Cuál es la probabilidad de que te asciendan a vicepresidente a los 29 años?

Ella volvió a sonreír.

—Sí, fue increíble —admitió—. Eso fue totalmente de Dios. ¡Fui tan privilegiada, que no lo puedo explicar!

—Fuiste una privilegiada —asentí—. Y tu empresa... ya sabes, la mayoría de las empresas no dura ni un año. Aun menos durante los últimos cinco años.

—Es verdad —aceptó—. ¿Por qué estás mencionando todas estas cosas?

—Pues bien, me parece que tuviste fe en tu carrera profesional. Creíste que te podían suceder grandes cosas. Y sucedieron. Dios te ha bendecido contra todos los pronósticos. Cuando de seis mil personas, solo diez obtuvieron el puesto, tú fuiste una de esas diez. Cuando el 90% de las compañías fracasan en el primer año, la tuya prosperó. Las probabilidades de que encuentres al candidato perfecto, en el momento indicado, son más altas que cualquiera de estos otros deseos de tu corazón. Tal vez Dios está esperando que confíes en Él y que creas de verdad. La Biblia dice que cuando nos acercamos a Él en oración, debemos pedir creyendo que lo recibiremos. Una manera de aumentar tu fe es crear un banco de fe en tu área de éxito y reconocer que Dios puede hacer eso y mucho más en tu área de necesidad. A menudo tu fe está siendo probada. Cuando tienes éxito en un área, es tentador creer que tienes el control. Con frecuencia lo que realmente tienes es favor. Y lo que Dios puede hacer en un área, puede hacerlo en otra.

¡Sigue adelante y sé una mujer imparable!

¿En qué área de tu vida tienes plena confianza en la posibilidad de tener éxito?

_____

_____

_____

¿En qué área de tu vida te sientes más fracasada, como si los deseos de tu corazón nunca se cumplieran?

_____

_____

_____

¿De qué manera tu fe te ayudó a salir de tu estancamiento y ser imparable en tu área fructífera?

_____

_____

_____

¿Qué aprendiste de tu fe en tu área fructífera que ahora Dios quiere que apliques en tu área de estancamiento?

_____

_____

_____

Oración

Señor, quiero más fe. Sé que sin fe es imposible agradarte. Ayúdame a creer. ¡Ayúdame a ver el poder que has desatado sobre mi vida numerosas veces! Hoy quiero crear un banco de fe que reúna las pruebas de tus milagros en mi vida. ¡Usaré mi banco de fe como el fundamento para creer que recibiré más de lo que jamás he pedido, pensado o imaginado! Ayúdame a creer que tu poder me hará libre y me impulsará a avanzar. Contigo todo es posible. ¡Lo creo, y hoy actuaré como alguien que cree! Amén.

3
*V*uelve a escribir tu historia

Declaración

Hoy decido contar mi historia de una manera más positiva. Si la trama que se está desarrollando no está saliendo bien, puedo volver a escribirla. Mis próximos capítulos aún no están escritos y las decisiones que tome llenarán las páginas de la historia de mi vida.

Puntos clave

- Tienes el poder de cambiar tu historia: ya sea el relato de tu pasado como el que vas escribiendo y que dará lugar a tu futuro.

- Presta atención a los villanos y las víctimas que has creado en tu guión.

*A*na y su hermana Janet crecieron en la misma familia disfuncional. Cuando sus padres se divorciaron, recién empezaban a asistir a la escuela primaria y, lo que ya era disfuncional, empeoró. Nadie parecía preocuparse por educar a las niñas. Su madre traía un desfile constante de novios a casa. Algunos eran abusivos con la madre y otros lo eran con las niñas. Nadie tenía normas estrictas para ellas y cada una vivía como bien le parecía. Cuando cumplieron veinte años, cada una tenía ya dos hijos de dos padres diferentes, ninguna carrera profesional y sobrepeso. Sus relaciones se caracterizaban siempre por el caos y el drama.

Sin embargo, Ana estaba mejor que Janet. Los años de negligencia y abuso habían afectado mucho a Janet y realmente iba por muy mal camino. Muchas veces Ana tenía que salir a buscar a su hermana, que desaparecía durante días sin avisar a su familia dónde estaba. Ana sabía que su hermana se drogaba y se evadía totalmente de la realidad.

Ana trabajaba en un centro comercial y tenía otro empleo de media jornada como cajera de una estación de servicio local. Es difícil explicar cómo lo hizo. Trabajaba sin descanso y, cuando no estaba trabajando, cuidaba de sus hijos y de su casa. Siempre tuvo cierta resiliencia. Aun de niñas, Ana era la que cuidaba de su hermana, aunque Janet era un año mayor. Ana parecía encontrar la manera de mantener el buen ánimo incluso cuando tenía muchos motivos para deprimirse. Aun así, era muy desdichada con la vida que le había tocado.

Una tarde, su novio fue a verla para decirle que no quería seguir con la relación. Ese fue el golpe de gracia para Ana. No porque fuera un gran candidato, sino porque había invertido mucho en él y le había tolerado demasiadas cosas. Él la había engañado y Ana lo había perdonado. Su historia laboral era muy débil. Ana lo excusaba cada vez que abandonaba un empleo irresponsablemente o lo despedían. Ella se había aferrado a la única figura de amor que había podido encontrar.

Pero, a pesar de todo lo que había atravesado, persistía en ella el sentimiento de que Dios era real y tenía un plan para su vida que era mucho mejor de lo que había vivido hasta entonces. Con muy poca formación académica o experiencia profesional, una familia de quien se sentía traicionada y dos hijos que cuidar, ese día fue un momento de decisión para Ana. Fue el día antes de la renovación del contrato de alquiler del pequeño departamento que compartía con sus hijos. "No hay absolutamente nada aquí para mí —pensó—. Nada ni nadie en esta ciudad me conducirá a una vida mejor". Ella soñaba desesperadamente con encontrar el amor, nuevas oportunidades y una vida mejor para sus hijos.

Entonces tomó una decisión drástica. A las dos semanas, Ana empacó todas sus cosas, le pidió a una amiga que le ayudara a subir sus muebles y otras de sus pertenencias a un camión de mudanzas, abrochó el cinturón de seguridad de sus hijos en el asiento delantero y emprendió un viaje de dos horas hacia una nueva vida en las cercanías de Houston. Con un ahorro de 600 dólares, negoció el precio del alquiler de un pequeño departamento, se inscribió en una universidad estatal y pronto empezó a trabajar.

Ana volvió a escribir la historia de su vida. Parecía que iba en una dirección, pero presionó el freno del auto, dio un giro y eligió una dirección totalmente nueva para su vida. No solo siguió adelante hasta obtener una licenciatura, sino también un doctorado. Nadie esperaba mucho de ella, pero ella tomó la decisión de esperar más de sí misma y luchar por alcanzar la clase de vida que Dios había imaginado para su preciosa hija.

Todas podemos hacerlo. Ya sea que el cambio que necesites hacer sea pequeño (dejar de comer bocadillos dulces de la máquina expendedora cada media tarde) o enorme (volver a comenzar una carrera profesional). Puedes empezar un nuevo capítulo en la historia de tu vida a partir de hoy.

Considera tu trabajo, tus relaciones, tu salud, tus finanzas y tu vida espiritual. ¿Qué historia estás a tiempo de volver a escribir?

_____

_____

_____

_____

_____

¿Qué nueva historia quieres escribir?

_____

_____

_____

_____

_____

Considera la valiente decisión de Ana. Fue audaz y categórica. ¿Hay alguna decisión valiente que sientes que Dios te está llamando a tomar? ¿Cuál?

_____

_____

_____

_____

_____

Vuelve a escribir la historia que cuentas

Dios volvió a escribir la historia de muchos personajes de la Biblia. Vez tras vez, cambió el nombre de una persona en un momento crucial de la historia de su vida. Abram se convirtió en Abraham. Jacob en Israel. Simón se convirtió en Pedro. Saulo en Pablo. Sus nombres correspondían al cambio de su historia. Cada uno llegó a ser imparable para cumplir el propósito por el cual fue creado.

¿Qué hubiera sucedido si, en lugar de aceptar su nueva historia, se hubieran seguido describiendo por lo que solían ser? ¿Cuál hubiera sido el testimonio? Pablo nos hubiera seguido recordando que en realidad era Saulo, el perseguidor de los cristianos. Y ¿cuál hubiera sido el propósito? Esa descripción ya no lo representaba.

Lo mismo sucede contigo. ¿Qué historia estás contando sobre los momentos decisivos de tu vida?

No siempre que nos sentimos estancadas debemos volver a escribir una nueva historia, sino la historia que contamos sobre nuestra vida. Si en la historia que cuentas tú quedas como la víctima —indefensa, amargada o desesperanzada— entonces es hora de cambiar cómo cuentas tu historia. Lo que dices sobre tu vida y tus circunstancias es aún más contundente que lo que otros dicen.

"Cuando él me dejó, quedé devastada. Desde entonces todo ha ido de mal en peor".

"Nunca pude ir a la universidad y eso arruinó mi posibilidad de tener una profesión exitosa".

"No soy buena con el dinero. Se me escapa de las manos".
Esta manera de hablar nos impide avanzar. ¿Cómo cuentas la historia de tus dificultades? ¿Qué afirmaciones definitivas haces que te describan de una manera que en realidad no quieres que te identifiquen? Lo que dices de ti misma puede impulsarte a seguir adelante o detenerte y atarte al pasado.

Reformula cualquier aspecto de tu historia que te haga parecer indefensa y, en cambio, haz que glorifique a Dios y te dé poder. Por ejemplo:

- Describe las adversidades del pasado como sucesos que has resistido, superado y que te han hecho crecer.

- No hagas ver a nadie que te haya herido como el centro de atención ni el protagonista principal de tu historia. El protagonista principal es Dios. Describe la manera en que Dios te hizo crecer, te iluminó, te protegió o te ayudó en medio de esa situación.

- Admite cualquier error o falta que hayas cometido.

- Admite cualquier buena decisión que hayas tomado y éxito que hayas tenido.

- Vincula tu historia al presente de una manera que resalte tu resiliencia y tu "imparabilidad".

Piensa por un momento en un suceso, una dificultad o una situación de tu pasado que crees que te ha limitado de alguna manera. Si contaras la historia usando como guía los cinco puntos antes mencionados, ¿cómo la contarías?

_____

_____

_____

_____

¡Sigue adelante y sé una mujer imparable!

Vuelve a escribir tu historia. ¿Cómo sería tu vida como una mujer "imparable"? Escribe una vívida descripción que te inspire y te estimule.

_____

_____

_____

_____

_____

_____

_____

Oración

Señor, es hora de volver a escribir el guión de algunos aspectos de mi vida. Creo que tú quieres que tenga una nueva historia en donde no vuelva a tropezar una y otra vez con los mismos problemas. Quiero volver a escribir mi historia de una manera que te glorifique y me ayude a crecer y convertirme en la mujer que has diseñado. Sé que esa mujer no se queda estancada y es imparable. Por eso, Dios, te pido que me ayudes a ver tu visión para mi vida: la vida maravillosa que creo que imaginaste para mí.

4

*É*lige tu elenco y personal técnico

Declaración

Hoy elijo cuidadosamente con quién pasar el tiempo.
Las relaciones me ayudan a avanzar o me detienen.
Por eso reuniré el valor que necesito para decir lo
que pienso, hacer cambios o actuar de otra manera
en mis relaciones. Mi objetivo más importante es
agradar a Dios, no a la gente. Y tengo paz en el hecho
de que a veces será imposible agradar a ambos.

Puntos clave

- El secreto para tener una buena vida es tener buenas relaciones.

- Cuando vuelvas a escribir tu historia, discierne quién interpreta un rol clave en tu vida y para quién interpretas tú un rol clave.

*P*ara volver a escribir tu historia, necesitas un elenco y un personal técnico. Estos son los protagonistas que hacen posible tu historia. La película de tu vida no sería interesante si tú fueras la única protagonista. Cuando vuelvas a escribir tu guión, crea una puesta en escena espectacular: exactamente como Dios la imaginó para ti. ¡No te conformes con poco! ¡Es tu vida! Las mejores historias son ricas en personajes. Necesitas un elenco y un personal técnico que haga todas estas cosas:

- **Sacan lo mejor de ti.** Para ser imparable, necesitas rodearte de personas que te inspiren a sacar lo mejor de ti. Son personas que te exigen y te retan, pero que también te aman y creen en ti. No te agotan la energía cuando estás con ellas. En cambio, te dan más energía.

- **Generan una buena química.** No estoy hablando aquí del amor (¡aunque tener un miembro del elenco y personal técnico que te enamore es una clara ventaja!). Me refiero a personas que comparten tus valores. Te entienden y tú las entiendes. Se dirigen hacia el mismo rumbo. Son espiritualmente compatibles.

- **Te fuerzan a crecer.** Cualquier actriz te dirá que su papel protagónico exitoso fue el que puso a prueba el límite de su capacidad. A menudo eso sucede al actuar junto a otros colegas talentosos. Lo mismo sucede en tu vida. Incluye entre tu elenco y equipo técnico a personas que te fuercen a crecer, te inspiren y a quienes respetes y admires por cómo viven. Estas personas pueden incluir amigos, familiares, mentores, compañeros de trabajo y líderes espirituales.

- **Son mejores contigo.** Aunque tú interpretas el papel principal en tu guión, ¡no todo se trata de ti! En la mejor historia, tu vida ejercerá influencia en las personas que te rodean y tendrás un efecto positivo en ellas. De manera que tienes una contribución que hacer en tu elenco y personal técnico, que saque lo mejor de ellos, los haga crecer ¡y, en algunos casos, incluso los inspire a volver a escribir su propia historia! Algunos personajes de tu elenco y personal técnico no tienen mucho para dar, pero tú tienes la oportunidad de aprender y crecer junto a ellos.

No todos pueden interpretar un rol

Al hacer la lista, podrías notar que deseas colocar a ciertas personas en alguna de ella, pero, para ser sincera contigo misma, no puedes. O tal vez estuviste tentada a incorporar en tu lista a alguien, que realmente no tiene que estar allí. No eres la única. Pero esta es una manera de no quedar atrapada en el círculo vicioso de una relación infructífera: deja de esperar que las personas sean libres de sus limitaciones si no quieren serlo. Acéptalas como son, pero no te quedes enredada en sus propias limitaciones. Si estás esperando que alguien haga lo correcto, esté de tu lado o te ayude y no lo hace, seguir esperando, probablemente, no cambie la situación.

Deja de esperar en vano. Relájate. Esperar algo de una persona, cuando esta no quiere o no puede dártelo te coloca en un compás de espera donde, básicamente, esperas que ella cambie antes de cambiar tú. Y, sin darte cuenta, ella se convierte en tu excusa para no seguir adelante con tu vida y con la tarea divina que Dios te ha encomendado.

Toma esta decisión: "No espero que nadie me dé algo que no quiere o no puede darme". Ahora, con esta decisión, puedes hacer una pregunta que te hará libre para seguir adelante con tu vida: "Suponiendo que esta persona no tenga ningún cambio de conducta, ¿qué cambios debo hacer yo?". Es liberador dejar de esperar algo que no llega. Es motivante saber que Dios tiene un plan para tu vida, aunque a menudo implique enfrentar problemas y dificultades.

Silvia mantenía la esperanza de que su novio finalmente decidiera "sentar la cabeza", que se diera cuenta de que ella era una buena candidata para él y que quisiera casarse. Él era un buen muchacho, pero estaba bastante cómodo con su noviazgo indefinido. Silvia estaba comprometida con él y le era fiel, pero se estaba poniendo cada vez más ansiosa e insegura sobre la relación, que no era motivante para ella ni atractiva para él.

—¿Por qué te comprometiste con alguien que no comparte tu misma visión? —le pregunté.

—¿Qué quieres decir? —me devolvió la pregunta.

—Tú quieres casarte y formar una familia. Él parece tener dudas al respecto. Pero tú te has comprometido en una relación con la esperanza de que él cambie. Él es totalmente feliz. Tú no. —le expliqué.

Cuando vuelvas a escribir el guión, asegúrate de que tu elenco y tu personal técnico quieran participar de la película que estás escribiendo. De lo contrario, la historia que resulte no será la que Dios ha colocado en tu corazón. Será la que otros decidan por ti. Si no estás viviendo tu visión, probablemente vivas la de otro.

Selecciona valientemente y con discernimiento quién interpreta un rol en tu vida. No todos se han ganado el derecho de estar en tu círculo íntimo. En realidad, permitir la entrada a las personas equivocadas puede provocar contratiempos y desvíos en tu camino que te costará superar. No todos apreciarán tu fe y madurez espiritual. Si tú permites que alguien menosprecie una parte tan importante de ti, tú también empezarás a menospreciarla.

¡Sigue adelante y sé una mujer imparable!

Al considerar el criterio para elegir tu sistema de apoyo, ¿quién forma parte oficial de tu elenco y personal técnico? Haz una lista. Ser imparable requiere ser intencional con las personas que forman parte de tu vida. Escribe los nombres de tu elenco y personal técnico en cada una de las siguientes categorías:

Sacan lo mejor de ti personal y profesionalmente.	
Generan una buena química. Comparten tu fe y valores, y es fácil estar con ellos.	
Te fuerzan a crecer. Te exigen y te retan como un ejemplo que imitar o un mentor, y se han ganado tu respeto.	
Son mejores contigo. Personas a quienes ayudas y les haces bien aunque no puedan devolverte nada a cambio.	

Oración

Señor, gracias por abrir mis ojos a la necesidad de tener mucho discernimiento con respecto a las personas que permito entrar en mi vida. Ayúdame a atraer la clase de personas que tengan mis mismos valores e intereses: personas que saquen lo mejor de mí y que yo haga lo mismo con ellas. Dame el valor de sacar de mi vida las amistades que no son provechosas y la sabiduría de restaurar las relaciones resquebrajadas, pero que han sido divinamente orquestadas. Al escribir el guión de mi vida, ¡revélame claramente el elenco y el personal técnico que deben interpretar un rol! ¿Quiénes son mis confidentes? ¿Con quién puedo contar? ¿A quién debería dejar ir y a quién debería aceptar? Para experimentar la vida maravillosa que siempre has imaginado para mí, sé que necesito a las personas indicadas en mi vida: personas que me perfeccionen y saquen lo mejor de mí, no lo peor. Además, necesito cultivar mis relaciones con los más cercanos. Fortalece mi capacidad de relacionarme de tal modo que sea auténtica. Ayúdame a perdonar. Ayúdame a ponerme en el lugar de los demás y a tener compasión, sabiduría y comprensión. Muéstrame los malos hábitos que me atan a mis relaciones y ayúdame a transformar esos hábitos. Bendice mis relaciones. Amén.

5
Mira a través de la niebla

Declaración

Hoy decido ver claramente por qué vivo limitada. No estoy
así por casualidad, sino por causas específicas. Una vez que
conozca las causas, podré tomar medidas intencionales
para evitarlas. Al conocer las causas, puedo usar el sentido
común y ser libre de los patrones que tienden a paralizarme.
Es una decisión abrir mis ojos y ver más allá de la niebla.

Puntos clave

- Las causas de tus limitaciones se clasifican en tres
  categorías: temor, agobio y la voluntad de Dios no
  coincide con la tuya.

- Toma conciencia de tu situación al identificar qué
  detuvo tu progreso y decide ir más allá.

Una mañana salí rumbo a la oficina y me sorprendí por lo que parecía ser una nube de humo que cubría una amplia franja de cielo gris. Los edificios altos, que normalmente se divisaban en las calles cercanas, no se veían. Era un poco desconcertante.

Trataba de imaginar qué estaba pasando y tenía un solo pensamiento: *Debe haber un incendio.* Mientras conducía observé el área en un intento por encontrar de qué edificio podría estar saliendo el fuego. Pero me di cuenta de que el "humo" se extendía mucho más allá de las calles de mi vecindario. No se trataba de humo, sino de una densa niebla, ¡la niebla más espesa que jamás hubiera visto! Seguí conduciendo en medio de un tráfico lento durante el trayecto de 3 km hasta mi trabajo. Sorprendentemente, una hora más tarde, cuando salí de mi oficina, los rayos brillantes del sol habían disipado la niebla y el cielo estaba claro. Al fin había claridad.

Eso me recordó lo que sucede cuando la vida se vuelve borrosa y confusa. Es como si no pudieras ver el paso siguiente, qué decisión tomar o si lo que siempre ha estado allí lo sigue estando. Es como avanzar con dificultad a través de una densa niebla de incertidumbre y confusión.

¿Debería tratar de cumplir mis sueños o mejor no me arriesgo? ¿Debería comprar mi propia casa ahora o seguir rentando? ¿Debería volver a estudiar y cambiar de carrera o sigo con esta carrera que no disfruto? ¿Debería seguir aferrada a esta relación o soltarla? Al trabajar con clientes a lo largo de la última década, e incluso en mi propia vida, he notado que la falta de claridad a menudo causa estrés y nos paraliza. Es normal sentir incertidumbre y temor del futuro cuando no puedes ver claramente.

Una vez que puedes ver claramente, es como si los rayos del sol disiparan la niebla de la confusión y de repente comenzaras a avanzar.

Por lo general, detienes tu progreso por una de las tres razones siguientes:

- Temor.

- Agobio.

- La voluntad de Dios no coincide con la tuya.

Puede argumentarse que el temor es el fundamento de las otras dos categorías, pero cada una es diferente y diversa. Piensa en las áreas donde te sientes paralizada. El asunto que te paraliza probablemente encuadre en una de estas tres categorías.

Temor

Tienes miedo de lo que sucederá si avanzas. Ya sea temor al rechazo, al fracaso, al éxito o a la opinión de los demás, el temor es un fuerte paralizador. Determina claramente cuál es el temor y supéralo, y nada podrá detenerte. ¿No estás segura de que el temor sea el problema? Estas son algunas maneras de saberlo:

- No pides ayuda, porque no quieres escuchar que te digan que *no*.

- No pides una opinión, porque tienes miedo de la crítica que puedas recibir.

- No dices lo que piensas, porque no quieres ofender a nadie.

- Tienes miedo de que te vaya demasiado bien, porque los demás esperan que mantengas su mismo nivel y sientes demasiada presión.

- La idea de fallar te parece la peor cosa del mundo. Fallar te hace sentir una fracasada y quieres evitar a toda costa que te identifiquen de esa manera.

- No sabes si eres tan buena para lograr lo que realmente deseas. Si das el paso de fe y no lo puedes lograr, demostrarás que no eres tan buena. Prefieres no correr riesgos, antes que todos vean tu incapacidad.

- Sueles compensar tus inseguridades al hacer compras, comer en exceso, o al dejarte controlar por los demás, por ejemplo. Constantemente, tomas decisiones que no son nada más que reacciones emocionales a temores muy arraigados.

Agobio

Especialmente en el mundo de hoy, con tantas opciones, expectativas y responsabilidades que cumplir de tu lista interminable de tareas por realizar, es fácil sentirse agobiada. La cantidad de cosas que compiten por tu atención pueden aplastarte. Imagínate que tratas de cumplir con todo hasta que finalmente el peso de tantas cargas te vence y quedas aplastada como un insecto. Así te sientes a veces.

Debes hacerte el propósito de poner límites en tu vida. Esos límites evitarán que te sientas agobiada y, en consecuencia, impedirán que quedes aplastada bajo el peso de las expectativas. ¿No estás segura si no puedes avanzar porque vives sobrecargada? Estos son algunos de los síntomas:

- ¡Eres talentosa y tienes tantas opciones con respecto a qué hacer con tu vida, que tienes miedo de elegir algo por temor a equivocarte! Por ejemplo, tienes talento para varias carreras. Tienes varios buenos candidatos que quisieran salir contigo. Con tantas opciones, no tienes un sentido de urgencia. De hecho, podrías no valorar tus opciones o tener problemas para ver claramente lo que Dios quiere para ti.

- No te gusta decir que *no*. De hecho, detestas la idea de decepcionar a las personas o que piensen que eres egoísta o que no te interesan las necesidades de los demás. De modo que les dices que *sí* a todos. Luego te estresas al tratar de cumplir con todo e incluso podrías resentirte, porque "siempre tienes demasiadas cosas que hacer" o "nunca tienes tiempo para ti".

- Sientes que un proyecto es demasiado grande para ti y ni siquiera sabes por dónde empezar, así que ni siquiera lo comienzas. Lo analizas, hablas de él, e incluso planeas una estrategia. Pero, por alguna razón, no lo llevas a cabo.

La voluntad de Dios y tu voluntad no coinciden

La tercera causa de nuestras limitaciones es simplemente insistir en hacer las cosas a nuestra manera. Eso puede ocurrir por varias razones: piensas que Dios está tardando demasiado y decides moverte por tu cuenta, no te gusta el camino que Dios te está mostrando y decides tomar otro rumbo o, simplemente, tu vida espiritual no está bien. Estas son algunas formas de estancarnos como resultado de estar fuera de la voluntad de Dios:

- Ignoraste esa voz suave y apacible que trataba de guiarte y ahora estás tratando de salir de la situación en donde te encuentras.

- Tu relación con Dios está decreciendo y realmente ni siquiera pensaste en orar y pedir su voluntad para esta situación que te impide avanzar. Tal vez ni siquiera piensas que no puedes avanzar, porque estás en el lugar equivocado. Quizás las puertas no se están abriendo, porque Dios no quiere abrirlas.

- La voluntad de Dios no solo tiene que ver con el lugar indicado donde debes estar, sino también con el momento indicado para estar allí. A veces no puedes avanzar, porque estás fuera de tiempo, ya sea porque se te pasó la ocasión o porque todavía no ha llegado. Busca la voluntad de Dios con respecto a su tiempo. Una vez que dejes de pensar que tu tiempo es el tiempo correcto, serás libre.

Mira más allá de la niebla. ¿Cuál de estas tres categorías explican por qué te sientes estancada actualmente? Tómate un momento ahora para ver las cosas con claridad.

Área donde estás estancada	Razón principal
	☐ Temor ☐ Agobio ☐ La voluntad de Dios y la tuya no coinciden
	☐ Temor ☐ Agobio ☐ La voluntad de Dios y la tuya no coinciden
	☐ Temor ☐ Agobio ☐ La voluntad de Dios y la tuya no coinciden

¡Sigue adelante y sé una mujer imparable!

Hazte algunas preguntas para disipar la niebla y empezar a ver el camino para seguir.

¿Qué me resulta poco claro en este momento?

_____

_____

_____

¿Qué información o actividad específica me dará claridad?

_____

_____

_____

¿A quién o qué recursos necesito para obtener esa claridad?

_____

_____

_____

¿Qué decisión podré tomar mejor cuando tenga claridad?

_____

_____

_____

¿Por qué es importante esa decisión para mí en este momento?

_____

_____

_____

Oración

Señor, a veces siento que no puedo ver mi camino claramente por más que trate. Ayúdame a ver claramente lo que me impide avanzar. Sé que tú no eres autor de confusión. Ayúdame a ver lo que tú ves para que pueda ir donde tú quieres que vaya. Señor, te pido que me muestres claramente qué lección necesito aprender. Y, con ese aprendizaje, dame la sabiduría de superar los obstáculos que se presenten en mi camino. Tu Palabra promete que, si me falta sabiduría, todo lo que tengo que hacer es pedírtela y tú me la darás. Ahora te estoy pidiendo sabiduría, Dios. Te escucho ansiosamente. Gracias por adelantado, porque la respuesta que tú quieres que vea está por aparecer. Amén.

6

Sé específica, realmente específica

Declaración

Hoy decido dar pasos específicos hacia mi meta. No solo voy a soñar en grande, sino que voy a determinar las acciones concretas que me ayudarán a cumplir ese sueño. Decido dejar de dar excusas de lo que me impide seguir adelante y avanzar.

Puntos clave

* Para cumplir tu objetivo debes ser específica sobre lo que quieres lograr. Cuanto más específico sea tu objetivo, más obvios serán los pasos para seguir.

* Comienza en líneas amplias y generales, y luego sé más específica.

Siempre escuchamos hablar de la importancia de aprovechar nuestras fortalezas; pero ¿qué sucede cuando en realidad nuestras fortalezas nos detienen y nos impiden avanzar? A mí me sucede todo el tiempo. Mi test favorito de fortalezas personales (VIA, por sus siglas en inglés) describe mi fortaleza característica como "esperanza, optimismo y conciencia del futuro". La evaluación de fortalezas de Gallup (*StrengthsFinder*) lo confirma al señalar como "futurista" a una de mis cinco fortalezas principales. Me entusiasma mucho el futuro y el potencial. Es excelente para pensar en objetivos, enfrentar contratiempos o dirigir mi empresa. Pero cuando estoy confundida y necesito ser realmente específica sobre el paso siguiente, puede ser un problema. Como una persona visionaria, puedo ver claramente el panorama completo. Y puedo hacer que tú también lo veas, y lo pruebes, lo sientas y hasta lo huelas. Pero pregúntame cuál es el próximo paso inmediato en esa dirección y verás que la respuesta no me sale tan naturalmente. ¿Te puedes identificar?

A través de investigaciones, los psicólogos han desarrollado lo que se denomina la "teoría del establecimiento de metas u objetivos". En ella se describen una serie de factores que deben estar presentes para ser altamente eficaces en el establecimiento de los objetivos como así también en su cumplimiento. Uno de los factores es básicamente la "especificidad". En otras palabras, para lograr eficazmente tus objetivos, debes ser sumamente específica. Cuanto más específico sea tu objetivo, más obvios y específicos serán los pasos para seguir. Los objetivos imprecisos derivan en pasos imprecisos e incluso pueden llegar a desorientarte. Es como sentir que sabes a dónde tienes que ir, tomas las llaves, entras en el auto y piensas: "¡Qué lástima que no tengo un sistema de navegación, porque no tengo ni idea de qué dirección tomar!". Podrías ponerte sumamente nerviosa y pensar *"¿y ahora qué?"*, sin saber realmente lo obvio: ¿cuál es el siguiente paso? De modo que te sientas al volante, lista para arrancar, pero te detienes.

La especificidad es una herramienta poderosa. Vamos a tratar de usarla ahora mismo. Piensa en lo que actualmente te tiene desorientada. Tal vez has estado sentada frente a la computadora con un mensaje o proyecto que necesitas escribir. Quizás has estado pensando en tener una conversación, pero no tienes idea de cómo iniciarla. Tal vez quieras rediseñar un espacio de tu casa, pero no sabes por dónde comenzar. Quizás estás preocupada por la necesidad de perder peso y no crees que puedas hacer todo lo que te dicen y te preguntas qué te ayudará más de todo eso. Tú sabes cuáles son las áreas de tu vida donde estás desorientada. Escribe cuáles son esas áreas:

_____

_____

_____

_____

¡Sigue adelante y sé una mujer imparable!

Ahora bien, en vez de comenzar con "¿Qué paso siguiente debo dar?", comienza con el objetivo. Puedes comenzar en líneas amplias y generales, y luego ser más específica. Te guiaré con algunas preguntas que te ayudarán:

¿Cuál es tu objetivo?

_____

_____

_____

_____

¿Qué te ayudará a hacer cuando logres este objetivo?

_____

_____

_____

¿Para qué fecha quieres lograr el objetivo?

_____

_____

_____

_____

¿Qué aportará a tu vida lograr ese objetivo?

_____

_____

_____

Cuantifica el objetivo. De acuerdo con los detalles del objetivo, es probable que puedas cuantificarlo con números (cantidad total de dólares, kilos, número de personas, tamaño del espacio, etc.; la relevancia de la cantidad dependerá de cuál es el objetivo). ¿Qué cantidad cuantificable puedes aplicar al objetivo?

_____

_____

_____

_____

_____

Sé lo más específica posible. Si estuvieras en tu mundo perfecto, ¿cómo cumplirías específicamente ese objetivo?

_____

_____

_____

_____

Oración

Señor, si tú no eres autor de confusión, ¡entonces debes ser autor de claridad! Y yo necesito claridad en este momento, Padre. Tu Palabra dice que el pueblo perece sin visión. Yo lo he comprobado en mi propia vida. He estado perdida sin visión: desorientada, no porque no esté dispuesta a moverme, sino porque no sé hacia dónde ir. Ayúdame a recordar que saber específicamente dónde quieres que esté me ayuda a saber qué pasos dar hacia allí. Estoy leyendo estas páginas ahora, porque creo que es tu voluntad que yo sea una mujer imparable y que siga adelante una vez más para tu gloria. No quiero una visión cualquiera. Quiero tu visión para mi vida. ¿Cuál es, Dios? Muéstrame tu voluntad con vívidos detalles. Hazme una descripción de lo que siempre has imaginado para mi vida para que pueda tener esa visión y correr hacia ella. ¡Sí, correr!

Tu visión para mi vida me dará la energía, la pasión y la fortaleza de salir de mi estancamiento y avanzar de manera imparable. Mi visión imprecisa me ha dejado en medio de la neblina. El poder de señalar un objetivo específico será como el amanecer que disipa la niebla y revela el majestuoso paisaje que siempre estuvo allí. Señor, quiero ver la majestuosidad de la vida maravillosa que has imaginado para mí. ¡Abre mis ojos! Amén.

7

Reajusta tu normalidad

Declaración

Hoy quiero que mi vida sea diferente: quiero ser un ejemplo
del propósito divino por encima de la cultura popular.
Decido vivir a un ritmo que refleje la sabiduría de Dios
más que las normas culturales. No porque todos vivan
un estilo de vida sobrecargado de trabajo y obligaciones,
significa que yo también debo hacer lo mismo.

Puntos clave

- Puede que no reconozcas que vives sobrecargada, porque tu vida no es distinta de la de quienes te rodean. Es hora de dar un paso atrás y reevaluar qué es lo *normal*.

- Si estás estresada y exigida más allá de tu capacidad, no podrás disfrutar de la vida maravillosa que Dios tiene para ti.

De las tres causas de estancamiento (temor, agobio y la voluntad de Dios *versus* tu voluntad), probablemente el agobio sea la causa que más ha sido afectada por los cambios culturales de las últimas décadas. De hecho, muchas personas que viven agobiadas no reconocen el problema o bien no creen que *deberían* sentirse así. Esto se debe a varias razones comunes.

En primer lugar, en muchos círculos, la mayoría de las personas viven sobrecargadas. La expectativa establece que tú *deberías* hacer diez cosas a la vez. ¿Acaso no todos hacen eso o más? Es posible que no reconozcas cuán sobrecargada estás, porque no te diferencias de quienes te rodean, ya sea en el trabajo, en tu casa o en la comunidad en general. Básicamente, vivir agobiado es lo normal. Por lo tanto, te invito a hacer una pausa y preguntarte: "¿Es esta la normalidad que yo quiero? ¿Es esta la normalidad que Dios quiere para mí?".

Creo que Jesús se negaría a vivir como vive la mayoría. A lo largo de las Escrituras, cuando se hace referencia a la vida de Jesús, nunca se menciona que hacía demasiadas cosas. De hecho, nos sorprende ver cuántas veces se retiraba de las multitudes para pasar un tiempo con su Padre y sus seguidores cercanos.

La pregunta que debes hacerte como creyente es si quieres vivir de la manera que Dios ha destinado que vivas o si quieres vivir exigida más allá de tu capacidad, y tan estresada y agobiada que te sientes paralizada. Puede que necesites pensar de manera radical y tomar medidas drásticas, pero tienes el poder de vivir de otra manera. Tienes el poder de elegir un estilo de vida que te ayude a dar lo mejor de ti sin la presión de tener que sobresalir en todo. Puedes elegir hacer menos y querer menos.

No estoy diciendo que es fácil, pero es una elección y este hecho debería animarte. Tienes opciones, aún más opciones de las que te puedas imaginar en este momento. Puedes ajustar tu normalidad a un estado que sea más agradable y factible para ti. Podría requerir grandes o pequeños cambios en tu estilo de vida o, simplemente, una conversación. Es probable que tengas que ir en contra de la corriente de lo que hacen quienes te rodean; pero te garantizo que al menos algunas personas de tu círculo de influencia sentirán celos o se sentirán inspiradas. Ellas tampoco quieren vivir agobiadas, y tu decisión de vivir de otra manera las retará a tomar su propia decisión.

La segunda razón de la falta de conciencia sobre la causa del agobio es que podría ser que eres demasiado exigente contigo misma. En realidad, puede que creas que, a pesar de todas las responsabilidades que tienes, no deberías sentirte agobiada. En otras palabras, piensas que algo debe estar mal contigo. Si solo fueras más organizada o más disciplinada o más eficiente, todo estaría bien. En realidad, crees que la directora ejecutiva, que es madre y tiene una familia, se ocupa de todo sola. Imaginas que esa mujer del trabajo, que parece tener una vida perfecta, nunca discute con su esposo, sus hijos se comportan bien y tiene todo resuelto en su vida. Y, puesto que crees eso, eres demasiado exigente contigo misma cuando luchas por superar las barreras y los ciclos que persisten en estancar tu vida. Si este es tu patrón de pensamiento, debes entender una cosa. Es normal sentirse agobiada. De hecho, esa forma de pensar es un aviso de Dios de que tu vida es demasiado bulliciosa para escuchar su voz suave y apacible. Es una señal de alarma del Espíritu Santo que te advierte que debes hacer las cosas de otra manera. Si no fuera así, ¿no crees que tendrías la gracia y la unción de seguir adelante por el camino en que estés?

De modo que este es mi reto para ti. Reajusta tu normalidad. Cuando te sientes agobiada, es una señal de que debes ir contra la corriente de las normas culturales, sociales o empresariales que no se ajustan al diseño de Dios para tu vida. Puedes hacerlo de la siguiente manera:

1. Reconoce el agobio como una señal de advertencia.

2. Ora y pídele a Dios que te muestre su norma para ti en esta etapa de tu vida.

3. Haz cambios en tu agenda y tus obligaciones de tal modo que reflejen tu nueva normalidad.

Cuando vivimos sobrecargadas, cometemos errores mientras corremos para tratar de hacer la mayor cantidad de cosas posibles en el día. Peor aún, a menudo, lo que hacemos, en realidad, no es lo más importante o eficiente. Necesitamos pensar para ser eficientes; no como pensamos cuando hacemos varias cosas a la vez, sino una manera de pensar que nos lleve a la reflexión, a la intencionalidad y a estar en sintonía con Dios. Con tantos otros pensamientos, distracciones y tareas para realizar que empañan la visión, es bastante difícil escuchar nuestros propios pensamientos, y aun más escuchar a Dios.

¿Qué sucede cuando vives agobiada?

1. Tienes mal genio.

2. Eres brusca o cortante con los demás. Las personas son solo una interrupción que te provoca más estrés.

3. La neblina de las actividades y las presiones te impiden ver claramente tu paso siguiente y, en consecuencia, no puedes ver el camino para seguir.

4. El estilo de vida sobrecargado hace que las actividades, las oportunidades y las relaciones, que deberían darte gozo, no sean nada más que otra cosa de la ya larga lista de quehaceres.

5. Empiezas a sentirte fatigada y agotada, sin energía para cumplir los múltiples objetivos, aun los más simples. Por consiguiente, no tienes más fuerza ni disciplina para seguir adelante con tus planes.

¡Sigue adelante y sé una mujer imparable!

Reajusta tu normalidad. Guíate con estas preguntas:

¿Qué hechos y situaciones han sido recientemente una señal de advertencia de un estado de agobio en tu vida? (Tal vez te des cuenta de que estás llegando tarde a todos lados, discutes con tu esposo, te fastidias por los compromisos adquiridos o por no poder cumplir con la entrega de un trabajo).

_____

_____

_____

Apártate para orar y escucha esa voz suave y apacible que está hablando a tu espíritu. ¿Cuál es la normalidad de Dios con respecto a tu agenda? ¿Cómo se compara esa normalidad con tu realidad actual?

_____

_____

_____

Toma medidas de acción. ¿Qué cambios debes hacer para reajustar tu normalidad a un estado que te dé más energía y determinación, aunque parezca diferente a la normalidad de aquellos que te rodean? Enumera cada cambio, conversación o ajuste necesario.

_____

_____

_____

_____

_____

_____

Oración

Señor, reconozco que de cierta manera mi vida no está en línea con la que tú diseñaste para mí. El ritmo y el volumen total de obligaciones es más de lo que puedo sobrellevar. Aunque no pueda cambiar las obligaciones en esta etapa de mi vida, muéstrame los reajustes que quieres que haga para estar en tu perfecta voluntad. Ayúdame a vivir a un ritmo que me ayude a disfrutar realmente de todas las bendiciones de mi vida en vez de sentirme sobrecargada. Dame la gracia de hacer lo que me has llamado a hacer. Abre mis ojos a las señales de advertencia que tú quieres que vea. Quiero que mi normalidad refleje tu sabiduría, no la "sabiduría" del mundo. Amén.

8
ᴊHazlo. Demóralo. Bórralo

Declaración

Hoy elijo mis obligaciones intencionalmente. Solo hago
lo que Dios me pide. Cuando me sienta sobrecargada,
recordaré que soy yo la que programo mi agenda y que tengo
el poder de recortar mis actividades de tal manera que estén
en línea con la etapa actual de mi vida y mi llamado divino.

Puntos clave

* El agobio nos detiene y nos paraliza. No podemos
  avanzar en nada, porque nos tironean de varias
  direcciones y no sabemos hacia dónde ir primero.

* Activar el poder para priorizar, posponer y recortar es la
  clave para transformar nuestra agenda sobrecargada en
  una manejable.

*U*na de las cosas que me gusta de ser *coach* es que parece atraer a
muchas amigas que también hacen *coaching*, y a veces nuestras
conversaciones terminan siendo "conversaciones de *coaching*". Es una
manera profesional de decir: "No solo estoy conversando contigo.
Te estoy haciendo preguntas reflexivas, sin ningún prejuicio, y te
estoy dando lugar para responder sin aportar mi opinión personal".
Estoy siendo un poco irónica, pero es verdad. Tiempo atrás me sentía
agobiada. (El agobio es la niebla que a menudo me impide avanzar).
Esperaba ansiosa poder almorzar con mi amiga Yvette después de la
reunión dominical en la iglesia, porque esperaba que nuestra conversación adquiriera un tono de *coaching*. Necesitaba un impulso que

me ayudara a escapar de la pesada y sobrecargada agenda que me estaba estresando. Y eso es exactamente lo que sucedió.

Mientras describía la agenda ridículamente llena, que yo misma había programado, llegamos a algunas conclusiones sólidas sobre nuevas acciones que debía tomar para impedir que se repitiera el ciclo. Lo más importante que me dijo fue: "Revisa cada actividad de tu agenda y clasifícalas en tres categorías: hazlo, demóralo o bórralo".

Hazlo

Las cosas de la categoría "hazlo" son diversas. Hay algunas cosas de tu agenda que debes hacer. Ya estás comprometida. No hay manera de evitarlas. Si pudieras volver el tiempo atrás, tal vez no hubieras tomado esos compromisos, pero eso es imposible. Te comprometiste y ahora lo debes hacer. Es cuestión de respirar hondo y hacerlo.

Otras cosas de tu agenda podrían ser prioridades que realmente *quieres* hacer. Si bien cuando te sientes sobrecargada, *todas las cosas* de tu lista de quehaceres te estresan, estas cosas son el centro de tu propósito. Decide cuándo las harás. En realidad, piensa cuánto tiempo te llevará hacerlas, cuándo es el mejor momento para hacerlas y qué recursos o personas necesitas para ello. Fija una fecha. Haz llamadas telefónicas, si es necesario. ¡Anótalas en tu agenda y hazlas!

Demóralo

No sé tú, pero yo suelo estresarme con plazos que me autoimpongo o que otros me imponen y que acepto, aunque en el momento piense que ese margen de tiempo es demasiado corto. La verdad es que gran parte de lo que me estresa es negociable. Aunque sintamos que el mundo se va a derrumbar si no terminamos de hacer "todo" para cierta fecha, no será así. Cuando evalúas tus compromisos, considera sinceramente cuáles puedes demorar y cuáles no.

Por ejemplo, si estás embarazada, tu bebé está por nacer. Podría nacer un par de semanas tarde, ¡pero no un par de meses! Una amiga mía tenía programado el parto de sus mellizos por cesárea para cierta fecha, pero surgieron algunas complicaciones y tuvo que ir al hospital antes de tiempo. Para su sorpresa, le dijeron que le tenían que hacer la cesárea ese mismo día. Eran tres semanas antes de la fecha "programada". Mientras la llevaban a la sala de operaciones, empezó a explicarle a la enfermera:

—Mis bebés no pueden nacer hoy. ¡Me quedan tres semanas!

—No, no tienes ninguna —le respondió la enfermera.

Ese es un plazo que no puedes demorar. Es un plazo sobre el cual no tienes control o que tendría graves consecuencias no cumplirlo. Si alguna vez te pusieron una multa por no renovar tu registración vehicular o pagaste un recargo por olvidarte de pagar una factura antes del vencimiento, sabes exactamente lo que quiero decir.

Hay plazos que son autoimpuestos. Estos incluyen los grandes logros que quieres alcanzar en tu vida. Son fechas o la edad para cuando quieres que algo ocurra. Si no ocurre, te molestas o incluso te enfureces, pero no hay consecuencias fuera de las que te infliges a ti misma. Ya sea que se trate de la fecha indicada para terminar un proyecto u obtener una promoción, o la edad en la que piensas que deberías estar casada o haber formado una familia, considera que quizás tus tiempos no son los tiempos de Dios para ti.

Ora por ello. Si es un proyecto, por ejemplo, estipula una fecha nueva y más factible que te permita lograr tu objetivo con tiempo suficiente. Si es una meta de la vida que escapa a tu control, haz lo que esté en tus manos para estar preparada para el momento cuando el sueño se haga realidad, pero debes estar dispuesta a que prevalezca el tiempo de Dios.

Si la niebla que te impide avanzar es el estrés por tratar de cumplir con esos plazos autoimpuestos, sé flexible para que puedas tener más margen de tiempo. El estrés es innecesario. Suelta lo que te detiene y empieza a avanzar.

Bórralo

Por último, seamos realistas. Por alguna razón, tenemos muchas cosas anotadas en la agenda que realmente no deberían estar allí. Tal vez porque nunca te detuviste a pensar bien o porque estás en una etapa de la vida en la que ya no corresponde hacerlas. Una de las mejores medidas que puedes tomar es *borrar* esas actividades y obligaciones. No tengas miedo de hacerlo. Quizás decepciones a alguien al retirarte de un proyecto que ya no significa nada para ti. Podría preocuparte que los demás no piensen "bien" de ti cuando les digas *no* a una petición. Pero cuando dices *sí* a cosas que Dios no te llamó a hacer, a menudo terminas diciendo *no* a lo que Dios sí te está llamando a hacer porque no tienes tiempo de hacerlo en serio. Bórralo. Dile *sí* a lo que Dios te está llamando a hacer y sentirás, literalmente, que tu camino se abre delante de ti. Donde una vez te sentías *limitada* de repente te sentirás impulsada.

"Si tenemos que correr para hacer todas las cosas, es porque estamos haciendo demasiado", expresó Joyce Meyer en un *tweet* reciente. Si estás luchando para poder cumplir con una agenda llena de obligaciones excesivas, acepta el hecho de que hay un mensaje divino en ese estrés. Si realmente fuera la voluntad de Dios que hicieras tantas cosas, ¿no crees que Él te daría la gracia de poder ocuparte de todo? Esto explica por qué una persona particular podría ser capaz de cumplir con una cantidad extraordinaria de actividades. Cuando Dios te da la gracia para hacer algo en concreto, aunque parezca imposible para otros, tú no te sentirás sobrecargada.

El agobio es una señal de que has llegado al máximo de tu capacidad. Presta atención. Si sigues demasiado tiempo en ese estado, las consecuencias pueden ser aún más graves que perder tu oportunidad. Tu salud física y mental podría estar en riesgo a causa del estrés. Tus relaciones podrían sufrir cuando intentas hacer más de lo que puedes y empiezas a desviarte de tus verdaderas prioridades: las personas. Por favor, presta atención. El agobio es un llamado de alerta: una dádiva. Responde a ese llamado y lleva una agenda y un ritmo más razonable.

No basta con clasificar tus actividades en las categorías de "hazlo, demóralo, bórralo" solo una vez. Funcionará una vez, pero luego es probable que empieces a caer en lo mismo y a llenar tu agenda con demasiadas obligaciones. Por eso yo vuelvo a practicar esta pequeña rutina cada dos meses para no perder el control y el equilibrio de mi agenda. De hecho, es un recordatorio que tengo en mi agenda. Si siempre repites el mismo patrón y te comprometes con demasiadas cosas, anota en tu agenda "hazlo, demóralo, bórralo" tantas veces como sea necesario para que no te sientas sobrecargada.

¡Sigue adelante y sé una mujer imparable!

¡Determina ahora mismo qué hacer, qué demorar y qué borrar! Tómate diez minutos para analizar tu agenda y tu lista de tareas para realizar. Por cada obligación de tu lista, decide si la harás, la demorarás o la borrarás.

Oración

Señor, parece que estoy en un círculo vicioso donde me sobrecargo con demasiadas obligaciones. Además, me siento tan paralizada que no puedo hacer nada. Ayúdame a ver claramente qué hacer, qué demorar y qué borrar. Quiero estar en tu perfecta voluntad, y sé que será difícil mientras siga diciendo "sí" a las cosas que no son importantes y "no" a las que sí lo son. ¡Dame la sabiduría, la firmeza y la libertad de salir de este círculo vicioso y dejar de comprometerme en demasiadas cosas! Amén.

9

ℳira debajo de la superficie

Declaración

Hoy decido mirar debajo de la superficie de mi comportamiento para entender mejor qué lo impulsa. Cuando sé por qué hago lo que hago, tengo el poder de cambiar eficazmente mi comportamiento para mejor. Cada vez que mis acciones no coinciden con lo que yo quiero para mi vida, decido mirar debajo de la superficie y preguntarme: "¿De qué manera me impide avanzar lo que creo de mí misma y de mi situación?".

Puntos clave

- Las creencias de iceberg, como las denominan los psicólogos, son pensamientos y valores fundamentales muy arraigados, que explican nuestras acciones… o pasividad.

- ¡Cuando tus creencias de iceberg se estrellan, quedas anclada!

- Los icebergs no son necesariamente malos, aunque a veces lo sean. La clave es aprender a navegar en medio de ellos.

ℱinalmente, Amanda vio que todos sus sueños estaban a punto de hacerse realidad. Hacía dos años que se había casado y que cuidaba de su sobrina de ocho años, y ahora ella y su esposo estaban esperando un hijo. Estaba dichosa de poder criar a su sobrina y feliz porque además estaba esperando un hijo biológico. Aún más, una gran oportunidad apareció en el horizonte de su carrera. ¡Una oportunidad que había soñado y que había buscado con esfuerzo durante más de diez años! Su jefe la mandó llamar para darle la buena noticia, que implicaba un aumento de sueldo y la posibilidad de ejercer una influencia perdurable y positiva con el uso de sus dones y su trasfondo.

¡Qué más podía pedir! Todo lo que tenía que hacer, le explicó su jefe, era confirmar el acuerdo con una presentación ante la junta. Eso no era tan difícil, porque ella ya había hecho la investigación pertinente y le había presentado la idea original a su jefe y sus compañeros, ¡con obvio éxito! La presentación sería en tres días, así que decidió empezar aquella misma tarde.

Pero, aunque normalmente realizaba ese tipo de proyectos sin dificultades, parecía estar perdida. Y, para ser sincera con ella misma, sentía un nudo en el estómago. Decidió ignorarlo, pero no pudo avanzar nada esa tarde. Cuando se fue a la cama, después de uno de los mejores días de su carrera, no se sentía tan entusiasmada como debería estarlo ante la magnitud de la oportunidad que tenía por delante. ¿Qué le pasaba?

La reacción de Amanda no concordaba con el suceso aparentemente positivo que acababa de vivir. Cuando tu respuesta no concuerda con el factor estresante, el reto o la oportunidad, es posible que hayas chocado contra un iceberg.

Tú tienes creencias —valores fundamentales— profundamente arraigados, que conforman tus pensamientos y acciones. Estas creencias se convierten en tus reglas personales de cómo crees que debería funcionar el mundo y qué crees o consideras verdad sobre ti misma y otros. A menudo estas creencias están tan arraigadas que no eres consciente de cuánto influyen en tu comportamiento. Cuando estas creencias chocan, las decisiones que parecerían ser fáciles se vuelven inexplicablemente difíciles. Para ver claramente tu iceberg tienes que hacerte preguntas que profundicen bajo la superficie. Puedes hacerlo con la siguiente guía:

1. *Identifica dónde te quedaste anclada.* Amanda estaba atormentada por la nueva oportunidad que su empleador le estaba ofreciendo. Cuando identifiques dónde estás

anclada, responde de manera concisa con una descripción puntual del problema, no una descripción emocional.

2. *Identifica cuál es el asunto central que te tiene anclada.* ¿Cuáles son las emociones conflictivas que te dicen que estás estancada? Para Amanda la respuesta podría ser: "Siento que debería estar entusiasmada, pero en cambio me siento culpable".

3. *Hazte otra pregunta para profundizar un poco más y llegar al "por qué".* Pregúntate: "¿Por qué me siento así?". También le podríamos preguntar a Amanda: "¿Qué te hace exactamente sentir culpable y qué te entusiasma?".

4. *Profundiza un poco más hasta llegar al iceberg.* Recuerda que el iceberg es tu creencia o pensamiento sobre cómo deberían ser las cosas. Es lo que guía las decisiones y los pasos que das y te conduce casi de manera subconsciente. Pregúntate: "¿Qué significa eso? ¿Cuál es la peor parte? ¿Qué es lo más preocupante?".

5. *Decide si te aferrarás a tu iceberg o lo derretirás.* Una vez que descubres una creencia de iceberg, pregúntate: "¿Me está ayudando o me está lastimando en esta situación? ¿Quiero seguir aferrada a esta creencia?".

Mientras Amanda atravesaba ese proceso, desenterró dos creencias conflictivas profundamente arraigadas: primero, que la mujer debería hacer todo lo posible para maximizar su potencial profesional y financiero. Segundo, que las mujeres realmente comprometidas con la maternidad dejan de trabajar cuando tienen hijos. Con un hijo en camino, estos dos icebergs chocaron. Amanda decidió que, de cierta manera, ambas creencias la estaban lastimando y que debía corregirlas. La primera porque no le permitía tener la libertad de tomarse un descanso o pasar por diferentes "etapas" en su carrera, y la segunda porque sentía que era demasiado crítica.

Amanda decidió no juzgar si una madre está realmente comprometida y reconocer que las circunstancias de cada mujer no siempre son las mismas. Entonces oró y modificó sus creencias de iceberg de la siguiente manera: "En mi trabajo, haré todo con excelencia y aprovecharé solo aquellas oportunidades que siento que Dios me está guiando a aceptar. Mi vida profesional debe girar en torno a mi familia". Por lo tanto, tomó la decisión de ayudar a lanzar el nuevo proyecto y habló con su compañía sobre la posibilidad de modificar su horario y trabajar desde su casa cuando naciera el bebé. Después de algunos meses evaluaría si su vida profesional realmente estaba funcionando cerca de su vida familiar o si debía hacer más cambios y sacrificios.

Ser consciente de tus opiniones y creencias, especialmente las conflictivas, es esencial para comprender por qué podrías estar paralizada y la clave para una reflexión intencional. Tus pensamientos crean tu realidad.

¡Sigue adelante y sé una mujer imparable!

¿Qué "icebergs" te tienen anclada? ¿Tienes creencias profundamente arraigadas que te impiden avanzar? ¿Cómo decidirás corregirlas o descartarlas?

_____

_____

_____

_____

_____

Oración

Dios, a veces no entiendo por qué no puedo avanzar. Estoy en un punto muerto y no tengo idea de cuál es la respuesta correcta. Sin embargo, mis instintos me dicen que hay una respuesta. Hay una razón de mi estancamiento. Ayúdame a mirar bajo la superficie para ver claramente lo que me impide avanzar. Si mis pensamientos me limitan, reemplázalos con tus pensamientos. Dame la sabiduría y la claridad de tener un nuevo entendimiento. Después muéstrame cómo terminar con esas creencias de iceberg que me tienen anclada para que pueda avanzar. Amén.

10

Empieza a caminar y la inspiración llegará

Declaración

Decido caminar hacia lo que Dios me está llamando. No voy a esperar que un milagro divino haga por mí lo que yo puedo empezar a hacer por mí misma. No preciso tener todas las respuestas por adelantado. Solo la fe y el dominio propio de empezar a caminar. Una vez que dé el primer paso, empezaré a ver el camino que he de seguir.

Puntos clave

* Empezar a caminar físicamente te hará avanzar también en otro sentido más importante.

* Deja de esperar inspiración para empezar a caminar. Da el primer paso y la inspiración llegará.

Uno de los malentendidos más comunes que nos paralizan es creer que necesitamos inspiración para empezar a caminar. Esperamos sentirnos inspiradas y *tener ganas* de caminar antes de dar un paso. Pero podrían pasar días, semanas, incluso meses sin que aparezca ese sentimiento, entonces nos quedamos donde estamos. De manera simultánea, a menudo creemos erróneamente que las personas que siguen adelante y avanzan —imparables en su progreso— de alguna manera están más inspiradas. Pues bien, eso es parcialmente cierto. *Están* más inspiradas, pero no por la razón que insistimos en creer.

Las personas que están más inspiradas no lo están porque reciban más inspiración, sino porque no esperan que la inspiración las impulse a caminar. Estas personas entienden que si empiezan a caminar, la inspiración llegará. Así que empiezan a caminar. Empiezan sin inspiración. Ven el trabajo que realizar y se dan cuenta de que deben hacerlo. Entonces proceden a hacerlo, aunque no siempre *tengan ganas*. Aunque también se sienten bombardeadas por distracciones de gratificación más instantánea, tienen la disciplina de no dejarse seducir por esas distracciones, al menos no por mucho tiempo.

Esta frase contiene tanta sabiduría que vale la pena que la pegues sobre tu escritorio, la uses como fondo de pantalla en tu computadora o la coloques en cualquier lugar donde la puedas ver: *Empieza a caminar y la inspiración llegará.* Mantén esta frase en un lugar visible, porque cuando andes con dilaciones, seguramente no la recordarás. Pensarás que no puedes empezar porque no sabes cómo. No te sientes motivada. No sientes *nada*.

Pero ¿qué tal si dejas de pensar que necesitas sentir algo en particular para empezar a caminar? ¿Qué tal si aceptas la verdad de que salir de tu lugar de estancamiento es una decisión? Es la decisión de desligarte de tus sentimientos. Recuerda que los sentimientos son reales, pero no necesariamente son verdad. En otras palabras, tú sientes lo que sientes. Yo no puedo decirte lo que debes sentir. Los sentimientos están ligados a tu estado de ánimo, tus emociones y tus experiencias pasadas y toda otra clase de cosas que pueden distorsionar tu percepción de la realidad. De modo que, sea lo que sea que sientas hoy, la verdad sigue siendo la misma: cuando empieces a caminar, la inspiración llegará.

Una vez que la inspiración llegue, caminarás más rápido. Finalmente, *sentirás* lo que quieres sentir. No sentirás miedo o temor a equivocarte o fallar. En cambio, te sentirás viva. Apasionada. Determinada. Esperanzada. *Imparable.*

¡Sigue adelante y sé una mujer imparable!

¿Cuál es el objetivo que más deseas lograr en este momento de tu vida? (considera tu salud, tus relaciones, tus finanzas, tu carrera y tu vida espiritual).

_____

_____

_____

_____

¿Por qué es importante para ti?

_____

_____

_____

_____

¿Por qué es importante para Dios?

_____

_____

_____

_____

¿Qué objetivos específicos, cuantificables y apremiantes te acercarían a esa visión?

_____

_____

_____

_____

Oración

Señor, tu Palabra dice que si me acerco a ti, tú te acercarás a mí. Creo que lo mismo ocurre cuando es tiempo de caminar en fe. Cuando doy el primer paso, tú me ayudas y me fortaleces. Pero a veces hago justamente lo opuesto. Espero recibir inspiración antes de empezar a caminar. Sé que es temor. Es postergación. Es perfeccionismo. Y ninguna de estas cosas es tu voluntad para mí. Así que hoy, Dios, ayúdame a dar el primer paso. Ahora mismo. No dentro de una hora. No mañana. Sé que cuando empiece a caminar en fe, la inspiración llegará. ¡Gracias por lo que está a punto de suceder cuando empiece a caminar en fe! Amén.

11

ℋazte cargo del momento

Declaración

Hoy declaro que tengo poder para tomar una decisión y actuar. Cuando me enfoco en el presente, puedo hacerme cargo del momento que estoy viviendo. ¡Es entonces cuando puedo salir de mi estancamiento y avanzar! Por lo tanto, mi objetivo es tener el control de cada momento y redirigir mis pensamientos y mi energía en la oportunidad que me brinda el presente.

Puntos clave

- No podemos salir de nuestro estancamiento en el ayer. Solo podemos hacerlo *hoy*.

- Podemos entrenar nuestro cerebro para estar enfocadas. Se requiere de práctica, pero se puede.

Soy una experta en la dilación productiva. ¡Las cosas que puedo hacer cuando debería hacer otras más importantes es sorprendente! Todos saben que puedo llegar a rediseñar toda una habitación de mi casa, volver a conectarme con antiguas amigas que he estado por llamar durante meses y llevar a cabo toda clase de proyectos aplazados, cuando debería ocuparme de otras cosas más importantes. Lo curioso es que muchas de las cosas que me pongo a hacer las estuve dilatando anteriormente, pero ahora que tengo algo más apremiante y retador por delante, de pronto esas cosas, que antes dilaté, me parecen facilísimas. ¿Te puedes identificar?

Esta es una forma de estancamiento que realmente no lo parece por fuera. Para todos, tú eres una mujer imparable. ¡Solo mira todas las cosas que haces!

Desde luego que para salir de tu estancamiento tienes que conquistar el hábito de la dilación productiva. Si sueles dilatar proyectos, la clave es controlar tus pensamientos. La dilación no es otra cosa que una reacción a un "detonante". Un detonante es cualquier reto o factor estresante que causa una reacción en ti. Una reacción es una emoción o bien una acción. Entre un detonante y una reacción hay un pensamiento.

No siempre pasamos del detonante a la reacción, aunque a menudo creemos que sí. Incluso lo decimos. "La verdad es que necesito ordenar ese cuarto, pero lo sigo dilatando". "Sabía que tenía que entregar ese trabajo escrito a final del semestre, pero por alguna razón siempre espero hasta el último día para empezar a hacerlo". Entre pensar en limpiar el cuarto (el detonante), y decidir, en cambio, ir al centro comercial (la reacción), hubo un pensamiento que te distrajo. Entre "tengo que hacer un trabajo escrito" (el detonante) y esperar hasta el último día para empezar a hacerlo (la reacción), pensaste que tenías tiempo de sobra.

El proceso de dilación ocurre por tu manera de pensar, a menudo, subconscientemente. Por lo general, podrían ser pensamientos como estos:

- Es demasiado trabajo. No tengo tiempo de empezar con eso ahora.

- Tengo miedo de que me quede horrible. Mejor espero hasta que sepa exactamente cómo lo voy a hacer.

- Sé que no quedará perfecto y la verdad es que tengo miedo de lo que diga la gente.

- Detesto hacer esto. No quiero hacerlo. No lo voy a hacer... bueno, al menos hoy.

¡Con razón no empezaste! Si tus pensamientos son como estos o parecidos, nada de lo que pienses te ayudará a empezar. La clave es hacer una pausa en el momento cuando debes enfocarte en la tarea para realizar. Literalmente, haz un alto. Respira hondo. Admite tus pensamientos. Luego reflexiona: *Estos pensamientos no son míos. No son de Dios. Son pensamientos autodestructivos que tengo que desechar. Son perjudiciales si quiero experimentar la vida maravillosa que Dios diseñó para mí.* Después comienza a pensar deliberadamente en lo que tú quieres. Pregúntate: "¿Qué quiere Dios que piense de esta tarea que estoy dilatando?". "¿Qué pensamientos me darán poder y me impulsarán a actuar con confianza y entusiasmo?". Tus nuevos pensamientos podrían ser algo así:

- Actuar es una señal de autoridad y poder divino para mi vida.

- No tengo que hacerlo de manera perfecta. Me puedo permitir el hacerlo no tan perfecto... siempre y cuando lo haga.

- No me tiene que gustar hacer esto para hacerlo. Cuanto antes lo empiece, más rápido lo terminaré y estaré libre.

- Nunca voy a ganarme la aprobación de los demás y no tengo problema con eso. Me niego a estar atada por temor a la gente.

- No es un proyecto tan grande como quiero creer. Lo voy a dividir en partes y empezaré con una hoy.

- Soy una persona enérgica y productiva. Puedo proceder a actuar. Y, cuando lo haga, ¡me volveré imparable!

¡Sigue adelante y sé una mujer imparable!

Para salir de tu estancamiento, debes aprender a dominar el momento para no ir en la dirección equivocada. Debes hacer un alto, decidir conscientemente los pensamientos que te ayuden a dar el primer paso, y empezar a caminar en la dirección correcta. Practícalo todos los días. Cada día hazte cargo del momento.

1. Pregúntate: "¿Qué cosas he estado postergando?".

2. Respira hondo.

3. Piensa que debes actuar.

4. Sea lo que sea, actúa... ahora mismo. Sí, en este preciso momento.

Oración

Señor, en este mundo sin descanso, hay muchas tentaciones que intentan distraerme. Y admito que muchas veces cedo a la tentación. A veces ni siquiera estoy segura de cómo dejar de dilatar las cosas y dividirme en múltiples tareas, pero puedo ver cómo ese hábito está afectando mis sueños. No logro avanzar o al menos no tanto como quisiera. Necesito que me ayudes. Ayúdame ahora mismo a hacerme cargo de este momento para que pueda ser productiva y eficaz. Dame el poder de superar este obstáculo y abrirme paso hacia una vida de acción. Ayúdame a practicar diariamente el arte de estar enfocada en el presente y hacerme cargo de cada momento. Amén.

12

Deja de revolver el pasado

Declaración

¡Hoy decido olvidarme lo que queda atrás y
esforzarme por alcanzar lo que está delante! No
puedo avanzar si sigo mirando atrás. Creo en Dios
y confío que lo mejor está por venir, pero primero
debo hacer la paz con el pasado y mirar al futuro.

Puntos clave

• Revivir sentimientos y experiencias negativas te
hunde en un fango de emociones añejas, rancias y
desagradables.

• Volver constantemente al dolor del pasado es una señal
de que aún no has sanado de esa experiencia.

• Sé proactiva en procesar tu pasado. Busca la ayuda que
necesites para poder procesarlo.

Puede ser muy difícil dejar de hablar de una experiencia que te
tiene atada al pasado. El sufrimiento que te causó tu ex marido.
La traición de tu compañera de trabajo que obtuvo una promoción.
La situación financiera que se fue a pique. Ese miembro de la iglesia
que actuó como cualquier cosa, menos cristiano. A todas nos ha
pasado. Piensas que ya dejaste todo atrás, pero la sola mención de
algo que te recuerda ese hecho del pasado puede hacerte hablar una
hora seguida de esa experiencia negativa con quien tengas más cerca.
Y de esa manera vuelves a vivir antiguas emociones, heridas y enojos

por una circunstancia de la cual pensaste que ya eras libre. A veces es muy sigiloso el recuerdo del pasado. Ves el tren de la murmuración que sale de la estación y sabes que no deberías correr tras él, pero lo haces. La seducción de revolver el pasado es demasiado fuerte y no te puedes resistir. Sin darte cuenta, te hundes en el fango de emociones añejas, rancias y desagradables.

¿En qué experiencia del pasado sigues pensando? ¿Las palabras dolorosas de quién sigues comentando con otros? Revolver el pasado es una señal de que aún no has sanado por completo de esa experiencia. Todavía necesitas perdonar. Necesitas dejar el pasado atrás. Una manera de seguir atada al pasado es hablar todo el tiempo de los detalles de ese pasado. En algunos casos, incluso podemos llegar a disfrutarlo. Es nuestra manera de seguir siendo la víctima, aunque sea inconscientemente. Para superar lo que pasó, debes entregarle esa situación a Dios. Suéltala. Deja de intentar encontrarle sentido a lo que te pasó. Acepta que a veces las cosas nunca tienen sentido. No te apoyes en tu propio entendimiento o quedarás atrapada por el deseo de tratar de entenderlo todo, psicoanalizar todo y llegar a una conclusión, cuando muchas veces no la hay.

Como una *coach*, a menudo explico de la siguiente manera la diferencia entre la necesidad de *coaching* y la necesidad de una terapia. Si el tema es como una herida abierta y cuando toco el tema saltas porque todavía te duele, tu mejor opción es la terapia. Si el tema es como una cicatriz y cuando lo toco no sientes nada, eres una buena candidata para recibir *coaching*. La cicatriz que veo me muestra que has atravesado una situación dolorosa, pero que ya estás totalmente sana. Aunque la pellizque, ya no te duele. Y por lo tanto, no tengo que curarla. Cuando revuelves el pasado es porque todavía no has sanado de esa experiencia. No puedes hablar del tema sin tratar de "curar la herida" al hablar de los detalles y evocar emociones y energía negativas.

La buena noticia es que puedes dejar de revolver el pasado. Primero, sé sincera contigo misma. ¿Has procesado tu pasado? ¿Has hecho el trabajo de sanar, perdonar y entregarle el resultado a Dios? Si no, sé proactiva. Busca una buena consejera o terapeuta. Habla con una amiga sabia. Busca la ayuda que necesites para procesar tu pasado.

¡Sigue adelante y sé una mujer imparable!

Si realmente crees que superaste esa experiencia, entonces es hora de dejarla atrás. Simbólicamente, podrías considerar hacer una especie de ceremonia. Inténtalo de esta manera:

* Escribe en un papel a quién o qué necesitas perdonar.

* Escribe una lista de las lecciones que has aprendido de esa experiencia.

* Ora por cada cosa.

Oración

Señor, ayúdame a dejar de pensar todo el tiempo en el pasado. Es tan tentador y tan recurrente que sucumbo a la tentación. Sé que cuando todo el tiempo estoy mirando atrás, es imposible seguir adelante y avanzar. Sáname de las heridas del pasado para que pueda ser libre y experimentar la vida maravillosa que has diseñado para mí: una vida donde viva en el presente y disfrute las oportunidades que me depare el futuro. Amén.

13

Ríndete

Declaración

Hoy decido rendir todo lo que me provoca ansiedad, temor y duda. Me entrego por completo al poder omnisciente de Dios. Renuncio a la necesidad de controlar el resultado de mis esfuerzos, las acciones de los demás y el momento oportuno para mis deseos. Sé que solo cuando me rindo soy verdaderamente libre.

Puntos clave

- La idea de tener el control es una ilusión.

- Rendirnos nos hace libres para vivir en plenitud, ceder el control y disfrutar la vida.

Rendición: es una palabra que suscita pensamientos de alguien que se da por vencido y se entrega. Me imagino a los soldados en el campo de batalla caminando con los rifles sobre su cabeza mientras ven que sus reñidos esfuerzos se disipan y que todo lo que han peleado no sirve de nada. Por ello no me sorprende negarme a aceptar con naturalidad la idea de rendirme, ni siquiera la idea de rendirme a Dios. Tengo que obligarme a hacerlo. Tengo que recordarme que es de sabios rendirse.

A veces nos encontramos atrapadas en un círculo vicioso, porque estamos peleando una batalla equivocada; una batalla que nunca ganaremos porque la victoria no depende de nosotras. Nos abocamos frenéticamente a hacer planes y diseñar estrategias, pero siempre fracasamos. Determinadas a no abandonar nuestro objetivo, volvemos a la planificación y diseñamos un nuevo plan. Sin duda, este plan funcionará. Hemos aprendido de nuestros errores, nos hemos hecho cargo de ellos y hemos buscado consejos de todas las personas adecuadas. Lo volvimos a intentar, pero fracasamos una vez más. Este ciclo puede volver a repetirse por un tiempo hasta que nos desgastamos tanto que incluso nos llegamos a preguntar secretamente si Dios está de nuestro lado. ¿Te ha pasado alguna vez?

No es algo que me enorgullece admitir como creyente: la idea de que alguna vez cuestioné a Dios. He tenido momentos —de quietud— cuando acostada en la cama pensaba en una situación y me preguntaba por qué Dios no me respondía. Esos son momentos cuando reúno mi lista de buenas obras, mi trayectoria de obediencia a la guía de Dios en medio del temor y recito los pasajes de las Escrituras que me llenan de esperanza:

Para Dios todo es posible (Mt. 19:26).

Todo lo puedo en Cristo que me fortalece (Fil. 4:13).

Deléitate asimismo en Jehová, y él te concederá las peticiones de tu corazón (Sal. 37:4).

Y a Aquel que es poderoso para hacer todas las cosas mucho más abundantemente de lo que pedimos o entendemos, según el poder que actúa en nosotros, a él sea gloria (Ef. 3:20-21).

Repito esos versículos bíblicos en mi mente y empiezo a preguntarme por qué no se cumplen en mi vida. ¿Estoy siendo castigada por algo? ¿Qué hice mal? ¿Por qué todo parece ser tan fácil para tal y cual persona, pero no para mí? Y mientras me sigo haciendo preguntas, me siento tentada a enojarme y cada vez estoy más intrigada. Sin embargo, he caminado bastante con Dios para saber que no es bueno hacerse ese tipo de preguntas. Muchas veces me he tenido que humillar y aceptar que mis buenas obras y mi obediencia no son suficientes para merecer incluso las bendiciones que ya me han alcanzado. Esas preguntas son el susurro del enemigo, no de Dios. En momentos de profunda decepción y frustración, cuando me apoyo en mi propio entendimiento en vez de confiar en el proceso de Dios, mis oídos están abiertos a escuchar las mentiras de una línea de pensamiento que me atrapa en un círculo de preguntas sin fin: "¿Por qué? ¿Acaso no sabes tú, Señor, lo que más necesito? ¿Por qué no ves el tiempo perfecto como yo lo veo? ¿Por qué no abres esa puerta que sería muy fácil para ti abrir?".

En vez de abordar esas preguntas de manera retórica, creo que Dios nos invita realmente a responderlas. Me refiero a que Él es Dios y que debe haber una respuesta, ¿verdad? Y si Él realmente nos ama, debe haber una razón por la cual tu tiempo perfecto y el de Dios no son los mismos: una explicación para esa puerta cerrada.

Rendirse espiritualmente es dejar de pelear por tus propios planes y entregarte en manos del Todopoderoso. Es querer lo que Dios quiere para ti. Es dejar de batallar con Él y preguntarle: "Señor, ¿qué estás tratando de enseñarme? ¿Cómo quieres usarme?". Esa puerta cerrada tiene una explicación. Pero con nuestro entendimiento finito, tal vez nunca sepamos la respuesta. Nuestra alternativa es seguir peleando, seguir empujando contra las circunstancias y que se nos vengan encima con la misma fuerza o aun peor... y seguir estancadas. O podemos rendirnos con las manos arriba y confiar valientemente en el Señor. Si optamos por rendirnos, podremos avanzar, porque ya no estaremos empujando contra lo que es, sino que descansaremos en los brazos de Dios y en el desarrollo de su plan. Podremos ver lo bueno en aquello que nos ha dado y confiar que Él sabe qué es lo mejor. Podremos respirar, confiar en Él, rendirnos.

¿Por qué nos empeñamos tanto en entenderlo todo?

No seas sabio en tu propia opinión (Pr. 3:7).

Recuerdo claramente una tarde a finales de 1999 cuando mi mente no paraba de dar vueltas ansiosamente buscando la manera de poder cumplir totalmente mi propósito. Las preguntas venían a mi mente más rápido de lo que las podía responder. *¿Cuándo venderé suficientes libros para poder dedicarme completamente a esto? ¿Cuánto me llevará lograrlo? ¿Qué haré con mi empresa de relaciones públicas? ¿Quién podrá administrarla en mi lugar? ¿Cuánto dinero necesitaría? ¿Qué pasará con mis clientes? ¿Seguirán conmigo si no soy yo quien administra sus cuentas? ¿Cómo haré para viajar y dar conferencias y, a la vez, seguir con la empresa? ¿Y si primero me enfoco en hacer crecer la empresa para luego venderla y dedicarme a lo que realmente más quiero?*

¿Te cansaste de leer todas esas preguntas? Apuesto a que sí. ¡Entonces imagínate cuánto me agoté tratando de responderlas! Y la verdad es que no pude. Al menos no en ese momento. Pero ese día, mientras conducía por la avenida McKinney en las afueras de Dallas, mi mente estaba puesta en cualquier cosa, menos en la carretera. Mi presión sanguínea estaba aumentando. Mis hombros se estaban poniendo tensos. Y me empezó a faltar el aire mientras trataba de responder todas esas preguntas.

Pero...

> Confía en el Señor con todo tu corazón, y no te apoyes en tu propio entendimiento. Reconócele en todos tus caminos, y Él enderezará tus sendas (Pr. 3:5-6, LBLA).

Déjame repetir parte de ese versículo: no te apoyes en tu propio entendimiento. Tratar de explicarte las cosas sin tener en cuenta a Dios es una manera segura de vivir limitada y no poder avanzar. La inteligencia y el perfeccionismo pueden ayudarte de muchas formas, pero no te ayudarán a avanzar. Quienes se consideran a sí mismos muy inteligentes pueden sentirse tentados a creer más en su propia capacidad de explicarse las cosas que en el poder de Dios de intervenir en sus vidas. Aunque pensé que era inteligente, no pude ver el panorama completo. Aún no había llegado el tiempo de saber todas las respuestas.

¡Todavía no tengo todas las respuestas! Es común que exijamos saber las respuestas antes de dar un paso. Pero, en realidad, dicha exigencia no hace más que confirmar nuestra falta de fe.

Eso fue lo que me sucedió. Aquel día mientras me hacía una pregunta tras otra, llegué a una conclusión lógica e inteligente: durante los próximos años me dedicaría a hacer crecer mi empresa hasta que la pudiera vender y me independizara financieramente para poder cumplir así el llamado de Dios para mi vida. *"¡Eso es!* —pensé—. *Tengo que estar determinada a trabajar para hacer que mi sueño se haga realidad".*

Justo cuando pensé eso, escuché la voz del Espíritu Santo que me interrumpió.

—No, eso no es lo que vas a hacer —dijo.

—¿No? —respondí.

—No —confirmó—. Permíteme decirte algo. Nunca ganarás más dinero haciendo otra cosa que no sea lo que te llamé a hacer.

Dios no me prometió que el dinero llegaría rápidamente. No me dijo cuánto dinero ganaría. Pero me explicó que cumplir sus instrucciones me llevaría a tener más éxito que cualquier otra cosa que pudiera hacer por mi propia cuenta. Me interrumpió para advertirme que todas mis estrategias y preocupaciones me habían llevado a tener un plan de acción muy inferior a su plan para mí.

La Biblia nos pide que confiemos en Dios y que no nos apoyemos en nuestro propio entendimiento. Si lo hacemos, Dios nos guiará. Eso significa que debemos tener fe para creer que lo hará. Tenemos que renunciar a la necesidad de tener el control. Tenemos que vencer nuestro temor.

¡Sigue adelante y sé una mujer imparable!

¿Qué planes estás haciendo sin la dirección de Dios?

_____

_____

_____

_____

_____

_____

Escribe una oración donde le pidas al Espíritu Santo que te dé su sabiduría para tu situación específica.

_____

_____

_____

_____

_____

_____

Oración

Señor, que se haga tu voluntad, no la mía. Deseo hacer tu voluntad, porque tu voluntad es el plan perfecto para mi vida. Te pido que en este momento entres en mi corazón, Dios, y que tus deseos para mi vida sean mis deseos. Quiero desear lo mismo que tú. Ayúdame a dejar de insistir en mis propios planes y a confiar que tu plan para mi vida se desarrollará en el tiempo perfecto, con las personas perfectas, de la manera perfecta. No puedo ver lo que tú ves, pero puedo optar por confiar en ti con todo mi corazón. Ayúdame a rendirme cada día a ti, Señor, con la certeza que tú me tienes en la palma de tu mano. Ayúdame a vivir con la comprensión de que si tiene que ser, sucederá divinamente. Todo lo que tengo que hacer es obedecerte. Tú harás el resto. En este momento decido aceptar tu voluntad y cumplirla con paz y contentamiento. Amén.

14

Permítete hacer las cosas mal

Declaración

Hoy elijo el progreso sobre la perfección. Decido actuar, aunque no tenga todas las respuestas antes de dar el primer paso. El temor usa la perfección como una excusa para postergar todo para más adelante. La fe no requiere de perfección, sino de acción.

Puntos clave

* La perfección y la dilación están entrelazadas. Renuncia a la necesidad de la perfección y serás libre para seguir adelante.

* Cuando empiezas un proyecto que has estado dilatando por mucho tiempo, permítete hacer algo mal. Sencillamente, comiénzalo. Después podrás revisar lo que hiciste mal y corregirlo.

* Tómate la libertad de cometer errores.

Hace muchos años escuché que un autor le respondía al entrevistador, quien le había preguntado cómo se había convertido en un escritor tan prolífico: "Me permito escribir mal —comentó—. No corrijo lo que escribo, eso lo dejo para más adelante. Sencillamente, me doy permiso para escribir lo que me viene a la mente, y así no tengo excusas para no escribir".

Fue una declaración profunda. Muchas veces, vivimos dilatando todo porque tenemos terror de no ser perfectas. Pero ¿por qué es necesaria la perfección? No lo es. ¿Qué estás postergando porque las circunstancias no se han dado de la manera que piensas que deberían darse?

_____

_____

_____

¿Qué estás postergando en tu propia vida como una manera de castigarte por no hacer las cosas bien? ¿Qué piedras preciosas estás guardando para ti hasta que puedas pulirlas? ¿Qué propósito no estás cumpliendo porque crees que no has perfeccionado del todo tus habilidades?

Me gustaría pedirte que modifiques tus estándares. Observa que no dije que tengas estándares bajos. Si debes llegar a un estándar inalcanzable antes de empezar algo —por ejemplo, tener hasta el más mínimo detalle de tu plan perfectamente calculado— es probable que nunca lo empieces. De hecho, podrías necesitar preguntarte si tus estándares demasiado elevados no son más que temores encubiertos. Si no puedes empezar algo, porque no tienes todo calculado, entonces nunca podrás descubrir cuán buena eres realmente. Puede que tengas que enfrentar la decepción. Quizás experimentes rechazo. Tal vez descubras que no eres tan excelente como pensaste que eras.

Este análisis podría parecer cruel, pero el cerebro tiene una manera de evitar el dolor, aunque las acciones sean subconscientes. Para los perfeccionistas, que son expertos controladores, la idea de que el resultado de su trabajo no sea el ideal está descartada bajo cualquier punto de vista. Pero semejante actitud no es piadosa. No requiere de fe. Está ligada al temor. Esta es la verdadera pregunta que necesitas responder: ¿Qué pasa si la *perfección* no es el objetivo? ¿Qué pasa si lo que estás tratando de hacer no requiere perfección? ¿Qué pasa si Dios está esperando que dejes de intentar hacer todo perfecto? La verdad es que Él no necesita tu perfección; porque, para ser sinceras, ninguna de nosotras es perfecta. Entonces, ¿por qué vivimos postergando todo, con temor a hacer algo porque no están dadas las condiciones perfectas?

Creo que es porque el enemigo quiere que nos distraigamos y no veamos el verdadero objetivo. La perfección es difícil de lograr. Y aun cuando, en nuestro ego, creemos que la logramos, nos estamos engañando. La perfección se halla en la imperfección. Se halla en la gracia de ser humano, de equivocarse, de volver a intentarlo... o no. Piensa en ese proyecto o sueño que has estado postergando. ¿Qué pasaría si solo descansaras en la gracia de Dios y procedieras sin buscar la perfección?

_____

_____

_____

¿Qué pasaría si dejaras de creer que las cosas deben ser de cierta manera para estar contenta?

_____

_____

Pasa de la perfección al propósito

Hillary Rettig, autora del libro *Los siete secretos de los prolíficos: La guía definitiva para superar la procrastinación, el perfeccionismo y los bloqueos del escritor*, ha identificado cinco características principales de los perfeccionistas:[2]

- Definen el éxito de manera estricta y poco realista y se castigan duramente por sus supuestos fracasos. El perfeccionista piensa que el resultado de su trabajo es peor de lo que realmente es.

- Ostentan grandiosidad. Se engañan a sí mismos al pensar que lo que es difícil para otros debería ser fácil para ellos.

---

2. Hillary Rettig, "Perfectionism Defined" junio de 2013, www.hillaryrettig. com/perfectionism.

- No tienen visión de futuro, lo cual se manifiesta en una actitud de "ahora o nunca" o "lo hago o me muero".

- Se identifican exageradamente con el trabajo. Cuando las cosas le salen bien, el perfeccionista se siente como un rey en el mundo y cuando las cosas le salen mal, se siente el más miserable.

- Priorizan el producto en lugar del proceso y valoran exageradamente las recompensas externas.

Dios no quiere que nos enfoquemos en el perfeccionismo, sino en el propósito. Cuando nos damos la libertad de dar un paso, aunque ese paso sea tembloroso o muy malo, le permitimos a Dios usarnos y enseñarnos mucho más. Cuando Dios dice *camina*, la obediencia es el único paso de fe. Él conoce nuestras debilidades. Él conoce nuestros defectos. Por lo tanto, si llegó el momento de empezar a caminar, seguramente Él tiene un propósito por el cual te está instando a caminar. En vez de esperar la perfección, camina hacia tu propósito. Mantén tu corazón y tu espíritu abierto para discernir tu próximo paso.

Recuerda: tú no tienes permiso para decirle
que no a Dios solo porque te sientes
incapaz de realizar la tarea en cuestión.

¡Sigue adelante y sé una mujer imparable!

¿De qué manera estás exigiendo perfección antes de hacer algo? ¿Qué pasaría si lo hicieras de todas formas?

_____

_____

_____

_____

Oración

Señor, dame valor, mucho valor. Cuando dudo y busco el perfeccionismo, ayúdame a recordar que tú eres un Dios de propósito y que si me mandas caminar, el único paso perfecto es vivir conforme a tu voluntad para mí. Quiero caminar cuando me dices que camine. Por eso, Señor, hoy me permito ser imperfecta, porque sé que tu gracia es suficiente para mí. Amén

15

Comprométete a lograr tus objetivos o abandona la idea

Declaración

Hoy decido comprometerme en serio a lograr mis objetivos. Sé que no va a ser fácil, pero valdrá la pena. Será inevitable enfrentar obstáculos, temores y dificultades en el camino. La única manera de lograrlo es comprometerme con pasión y estar dispuesta a hacer sacrificios. Si no estoy preparada para el compromiso, tampoco estoy preparada para el objetivo.

Puntos clave

- Toma en serio tus sueños.

- A veces tendrás que hacer sacrificios para cumplir tus sueños.

Durante una reciente videoconferencia con aspirantes a ser *coach* personal o empresarial, invité a varias *coaches* exitosas para que hablaran de sus "secretos" para sobresalir en este campo. Una de ellas, mi amiga y autora Marshawn Evans, dijo algo clave. Debes buscar recursos para invertir en capacitación que te ayude a cumplir tus sueños; en este caso, el sueño de una de las aspirantes a ser una *coach* personal. Creo que este es un punto relevante para cualquiera de nosotras, no importa cuál sea el objetivo. "Solemos encontrar la manera de hacer lo que nos importa —dijo ella—. Muchas de nosotras tenemos nuestra casa llena de cosas que compramos y nunca usamos, que suman más dinero del que necesitaríamos invertir para poder cumplir nuestros sueños".

Mientras pensaba en este punto, me di cuenta de que era verdad. Por supuesto que hay veces cuando tomar en serio nuestras prioridades podría llevarnos más tiempo del que nos gustaría. Pero ya sea que tengas la prioridad de salir de deudas, hacer una transición importante o cumplir tu sueño, comienza con la decisión de darle prioridad a ese sueño. Y, si es una prioridad, debes estar decidida a invertir lo que sea necesario para hacer realidad ese sueño.

¿Qué sueño tienes en este momento? No sé tú, pero yo descubrí que mis sueños más grandes nunca fueron baratos. Me llevaron mucho tiempo y esfuerzo. Tuve que correr riesgos que me aterraban. Me temblaban las rodillas al caminar sin saber qué me depararía el futuro; pero con la esperanza y la fe de que Dios estaría conmigo cualquiera que fuera la respuesta. Y, por lo general, mis sueños demandaron una inversión financiera (como, por ejemplo, volver a estudiar con 34 años de edad en una prestigiosa universidad ¡y sin ninguna beca!). Pero no me arrepiento de haberme esforzado por cumplir ninguno de mis sueños.

Cualquiera que sea tu sueño, comprométete a cumplirlo con todas tus fuerzas. Debes saber que tendrás que hacer algunos sacrificios. Sé creativa para encontrar el tiempo, el dinero u otros recursos que necesites. Toma tu sueño muy en serio. Cobra valor y confía en que Dios está contigo si sigues los deseos de tu corazón. No esperes que sea fácil, pero valdrá la pena.

Janet siempre decía que quería renunciar a ese trabajo que la estresaba tanto. Lo detestaba. No le gustaba la corporación para la cual trabajaba. Se quejaba de la ética de la compañía, de su jefe y de sus compañeros de trabajo. Y tenía un plan para dar ese salto: una consultoría empresarial muy bien pensada en la cual había estado trabajando hacía tres años. De hecho, ya estaba generando un ingreso constante trabajando solo de medio tiempo en su empresa. Estaba ahorrando esos ingresos para invertirlos cuando estuviera lista para dar el gran salto y lanzar al mercado sus servicios. Y ahora tenía una reserva de ahorros que la mayoría de la gente envidiaría: dos años de gastos de mantenimiento además de sus ahorros de retiro. Y no tenía deudas.

A lo largo de los años, había diseñado cuidadosamente un plan para cuando estuviera lista para dar el paso de fe, y ahora había llegado el momento. Pero, algo estaba mal. Tenía miedo de que sus ahorros no fueran suficientes. Sabía que podía lograrlo y que probablemente conseguiría algunos clientes más cuando se dedicara de lleno a trabajar en su empresa; pero renunciar a la seguridad de un salario regular era la causa de sus dudas.

—He trabajado mucho para cumplir mi sueño —admitió—. Pero ahora que estoy lista, tengo miedo de que nunca llegue a ganar con mi propia empresa tanto como gano en mi trabajo actual.

—¿De veras? —indagué un poco más—. ¿Ni siquiera después de cinco años?

Ella pensó en la pregunta por un momento y reconoció:

—Tendría que invertir muchos recursos para lograrlo. Y demasiada energía. Me refiero a que ahora trabajo mucho; pero también tengo muchos recursos y apoyo en el trabajo y todo eso lo perderé. Creo que la realidad de mi sueño se está esfumando ahora que llegó el momento de hacerlo realidad.

—¿Qué significa para ti que nunca vuelvas a ganar tanto dinero? —le pregunté.

—Significa que estoy renunciando a algo que me costó mucho conseguir. No obtuve este puesto de la noche a la mañana. Tuve que trabajar mucho para conseguirlo. Hubo personas que no querían que ascendiera, que hicieron de todo para sabotear mi capacidad de recibir una promoción. Ha sido un camino largo y difícil. Y, finalmente, conseguí el respeto que siempre quise.

Al final, uno siempre quiere lo que no tiene. Pregúntate claramente cuánto quieres cumplir tu sueño. Investigaciones sobre la fijación de objetivos señalan que uno de los elementos más importantes a la hora de fijarse un objetivo es el compromiso. Podría parecer simple, pero si no estás realmente comprometida con el objetivo es improbable que lo logres. Los obstáculos llegarán. Las dificultades pondrán a prueba tu tenacidad. Y, a menos que estés comprometida, no podrás resistir las inevitables tormentas.

A veces lo que parece ser estancamiento, en realidad es falta de compromiso con el objetivo. Parecería tratarse de indecisión, temor o un análisis excesivo. Pero sería más acertado decir que se trata de "falta de compromiso". Sé sincera contigo misma. Recuerda que la verdad es la herramienta más poderosa para salir del estancamiento. Responde estas preguntas para evaluar tu compromiso:

En una escala del 1 a 10, ¿cuán comprometida estás con tu visión?

_____

_____

¿Qué sacrificios estarías dispuesta a hacer para poder lograr tu objetivo?

_____

_____

¿En qué momento sentirías que ya sacrificaste demasiado por lograr tu objetivo y que llegó la hora de abandonar la idea?

_____

_____

¡Sigue adelante y sé una mujer imparable!

Si quieres lograr un objetivo o sueño muy importante para ti, debes ser creativa y persistente en buscar recursos que te ayuden a dar ese paso.

¿Qué excusa tienes para no poder cumplir tu sueño? Si descartaras esa excusa, ¿qué necesitarías hacer para cumplir tu sueño? ¿Estás tomando realmente en serio tu sueño para comprometerte a hacer lo que sea necesario?

_____

_____

_____

_____

_____

_____

Oración

Dios, dame el denuedo y el valor de comprometerme en serio a vivir una vida maravillosa. Ayúdame a correr con los brazos abiertos hacia el objetivo que has puesto en mi corazón: a comprometerme con el proceso, la espera y las dificultades inevitables que surgirán. Aumenta mi tenacidad. Dame perseverancia. Y ayúdame a ser decisiva cuando la respuesta correcta sea cambiar el rumbo de mi vida y abandonar lo que no sea tu voluntad para mí. Muéstramelo claramente, Señor. Amén.

16

Hoy puedes ser una ganadora

Declaración

Decido aceptar el presente como una nueva oportunidad para salir adelante. Aunque mi pasado fue terriblemente doloroso y pasé por mi peor momento, hoy decido perdonarme, dejar el pasado atrás y aprovechar al máximo los días que tengo por delante. Declaro que me pondré una meta que pueda alcanzar y que disfrutaré del proceso. Si estoy yendo en el rumbo equivocado, decido dar la vuelta y tomar el camino correcto. Si estoy dilatando cosas en mi vida, decido ponerme en acción. ¡Hoy es un nuevo día!

Puntos clave

- Deja tu vida de limitaciones como si fuera un juego. Tomarse la vida con humor hace más fácil y divertido todo.

- Antes de irte a la cama (y, desde luego, antes de levantarte por la mañana), identifica cómo serías una "ganadora" en el día que comienzas.

- "Jugar" suscita emociones positivas que estimulan la creatividad y la productividad.

Con la idea de inspirarme, un día que me sentía esclava de la rutina, mi esposo me envió un mensaje de texto con una frase que pensó que me motivaría: "¡Hoy puedes ser una ganadora!".

En ese momento me sentía abrumada y esa pequeña frase no me

hizo sentir mejor. De hecho, me sentía tan frustrada que no podía ni siquiera imaginar qué quería decirme. Debo admitir que a veces soy demasiado literal.

—¿Qué? —le contesté.

—Solo un pensamiento —me respondió—. La vida es como un juego. Cada día que te despiertas, tienes una nueva oportunidad de volver a tirar los dados. ¡Ayer pudiste haber perdido, pero hoy puedes ganar!

Ese pensamiento era de genuina inspiración para él. Pero no para mí... al principio.

—Está bien —dije, sumida en mi estrés—. Gracias por tratar de motivarme.

Sé que no le respondí bien. Pero ¿has tenido alguna vez uno de esos días cuando te sientes abrumada y alguien que se preocupa por ti trata de animarte sin resultado? Aprecias el gesto, pero con el estrés y la presión que sientes, tu actitud no es la indicada. Eso fue lo que me pasó. Aun así, estaba bastante intrigada y volví a sacar el tema al día siguiente.

—¿Sabes que cuando ayer me dijiste "¡Hoy puedes ser una ganadora!" —empecé—, fue como que la idea de tratar de ganar un juego cada día me hizo sentir más estresada? No me inspiró para nada esa idea. Siento que siempre estoy tratando de ganar y a veces lo que realmente quiero es tomarme un descanso y dejar de luchar por ganar.

—Ya veo —dijo pensativamente—. Bueno, no tienes que jugar todos los días; solo cuando quieras. Puede ayudarte a pasar el día un poco mejor y darte un objetivo. Juega cuando quieras y no lo hagas si no quieres. Cuando juegas al Monopolio, tú sabes qué jugadas hacer para avanzar. Puedes hacer lo mismo con cada día.

Empecé a captar la idea. *Podría tomarme con más tranquilidad los plazos que cumplir* —pensé—. *Me refiero a que realmente disfruto cuando trabajo en mis proyectos. Tal vez mi marido tenga razón.* Más adelante, en esa misma semana, me desperté con la idea: "¿Qué debería hacer para ganar hoy?". Identifiqué dos acciones para realizar que me harían sentir una "ganadora". Me hizo sonreír. Me hizo sentir bien. *Me gusta este juego* —pensé.

Cuando te sientes esclava de tu rutina, con frecuencia es porque las jugadas que debes hacer parecen difíciles y pesadas. Ver las jugadas como parte de un juego más grande —un juego que te ofrece la oportunidad de ser imparable— puede animarte. Piensa que es "el juego de la vida maravillosa" y que puedes jugar cada vez que quieras. No es difícil ganar. Solo necesitas entender las reglas y entrar en el juego. Para ser imparable, las reglas son simples.

Reglas del juego

Se trata del juego del temor frente a la fe. El objetivo del temor es truncar tu destino y entorpecer tu propósito en la tierra. Tu objetivo es usar tus herramientas de amor, fe, tenacidad y valentía para vencer el temor y los obstáculos, las distracciones y las dificultades, que se presentan en tu camino en la forma de personas conflictivas, malas decisiones, rechazo, fracaso, expectativas, presiones, inseguridades, enojos, enfermedades, mala planificación, decepciones e incluso traumas y tragedias.

Regla #1: Identifica en oración de una a tres cosas que deben suceder en el día para ganar. Estas "jugadas" definen el éxito de ese día. Algunos días, las jugadas podrían incluir un proyecto importante o una conversación indispensable. Otros días, un objetivo claramente definido podría ser algo más subjetivo, como por ejemplo hacer algo bueno por al menos una persona o tener un momento de relajación o paz durante todo el día. Tú eliges las jugadas.

Regla #2: Tus errores y tu pasividad te harán distraer, desviar, trastabillar e incluso caer. No puedes rendirte. En cambio, debes levantarte. Tres pasos adelante y dos para atrás. Está bien. Tropezar es inevitable. No permitas que te paralice. No importa cuánto tiempo te lleve volver a levantarte y seguir caminando. Ganarás, siempre y cuando te levantes.

Regla #3: Cada jugada en la dirección correcta te gana doble puntaje en este juego. Más de una vez te sentirás tentada a permanecer en el mismo lugar: seguir siendo esclava de la misma rutina, sin crecimiento e incluso perder ventaja. Mantente enfocada y ganarás.

Regla #4: Dar lo mejor de ti te gana triple puntaje. Deberás ir más allá de tu zona de confort. Cuando amplias tu zona de confort, aumentas tu territorio… y tu influencia. Tu fe animará a otros —familiares, hijos, compañeros de trabajo y otras personas de tu esfera de influencia— a crecer en su fe también.

Regla #5: ¡Debes hacer un alto con cada logro y disfrutar la recompensa de tu esfuerzo! Si pasas por alto este paso, no podrás ganar el juego.

Este es un juego que puedes ganar. Cuando necesites un descanso, simplemente deja de jugar, como me dijo mi esposo. Si es natural en ti jugar, este motivador será una adición bienvenida para tu caja de herramientas. Si no es tan natural en ti, es una oportunidad de expandir tus horizontes, intentar algo nuevo y salir de tu rutina con un poco de humor.

Cuando mi esposo tomó el test de fortalezas personales VIA (por sus siglas en inglés), su fortaleza #1 resultó ser "el humor y la jovialidad". Cuando tomó el test de la felicidad de mi libro *Las mujeres felices viven mejor,* no fue ninguna sorpresa que los resultados revelaran que su receta para la felicidad #1 fuera "jugar". Él tiene la predisposición natural a hacer de casi todo un juego. Y los juegos lo motivan, porque jugar es parte de su naturaleza. Para mí, por otro lado, jugar no es mi fortaleza #1 (¡ni la #15!), ni mi principal receta para la felicidad (está entre las últimas 4). Estoy trabajando en eso… ¡en el buen sentido de la palabra!

¡Sigue adelante y sé una mujer imparable!

Hoy puedes ser una ganadora. Puedes hacer las jugadas correctas que te ayuden a avanzar en la dirección correcta. Ahora responde la siguiente pregunta:

En los próximos días, ¿qué jugadas debes hacer para poder ganar en "el juego de la vida maravillosa"? Identifica solo de una a tres jugadas. En este juego, ¡no ganarás si te sobrecargas de cosas! Has una lista razonable. Prepárate para ganar.

Jugada #1:

_____

_____

_____

Jugada #2 (opcional):

_____

_____

_____

Jugada #3 (opcional):

_____

_____

_____

Oración

Señor, gracias porque cada día es una nueva oportunidad de ser imparable. Gracias por la gracia de equivocarme, volver a empezar, estancarme y esforzarme en seguir adelante. Gracias porque tú prometes que cuando el justo caiga, no quedará postrado, porque tú sostienes su mano. Dios, ¿qué jugadas quieres que haga hoy? Háblame claramente. Después dame poder para actuar con tenacidad, persistencia y energía. ¡Y ayúdame a disfrutar del proceso! Porque sé que tu gozo es mi fortaleza. ¡Amén!

17

¡Deja de tener pensamientos catastróficos!

Declaración

Hoy decido controlar los pensamientos irracionales y negativos que me llevan a imaginar que ¡de golpe todos están muertos! Antes de permitir que un pensamiento dañino me llene de ansiedad, temor e impotencia, haré un alto y me preguntaré: "¿Este pensamiento es de Dios?". Si no lo es, lo rechazaré.

Puntos clave

* Dejar tus pensamientos a la libre imaginación puede causar ansiedad, tensión y gasto de energía innecesarios.

* Pregúntate si tus pensamientos negativos te hacen bien o te hacen mal.

* En vez de preocuparte por desgracias que posiblemente nunca sucedan, imagina un futuro hacia el cual vale la pena avanzar.

*H*abía pasado cinco minutos de la hora en que su hijo, Darío, debería haber llegado a casa cuando Ángela miró el reloj. Al llamar a su teléfono celular y escuchar el mensaje del buzón de voz, Ángela se imaginó automáticamente una tragedia: *¿Y si Darío tuvo un accidente automovilístico y ahora está muerto? ¿Y si algunos delincuentes le robaron la billetera? ¿Y si no lo pueden identificar y por eso no me llaman? ¿Y si cuando perdió el control del volante chocó con*

otro auto y esa persona también murió y la familia nos hace juicio...
ahora sí que quedaremos en la ruina y sin nuestro hijo?

Podemos considerar que los pensamientos de Ángela son una locura o podemos admitir que todas hemos tenido momentos cuando dejamos nuestros pensamientos a la libre imaginación. Los psicólogos se refieren a este trastorno como: *catastrofismo*.

Si tú no tienes pensamientos catastróficos, puede que vivas o trabajes con alguien que sí los tiene. Aunque parezca una manía inofensiva, puede provocar mucha ansiedad, tensión y gasto de energía. Hace algunos años, la Dra. Karen Reivich, autora de *The Resilience Factor* y una de mis antiguas profesoras, me enseñó algunos conceptos sobre catastrofismo, que me sirvieron para crear un plan de cuatro pasos que puedes usar para dominar tus pensamientos antes (e incluso después) que te hundan en la negatividad y te paralicen:

1. Identifica el momento. Cuando sientas ansiedad, presta atención a tus pensamientos. Cuando aparezca el primero, pregúntate: "¿Y entonces qué sucederá?". Sigue haciéndote esa pregunta hasta que no hagas caso a lo que más temes. Es decir: el peor de los casos.

2. Una vez que detectas lo que más temes, pregúntate: "¿Me están ayudando mis pensamientos o me están lastimando en este momento?". Obligarte a parar y responder esta pregunta puede ayudarte a ver la urgencia de cambiar tu patrón de pensamientos.

3. Imagina lo opuesto para salir de ese patrón de pensamientos. ¿Cuál es el mejor de los casos irracionales que puede estar sucediendo? Esto es realmente divertido. Por ejemplo, imagina que tu hijo adolescente está llegando tarde a tu casa, porque se detuvo a ayudar a la víctima de un accidente automovilístico. Que tu hijo salvó la vida de ese hombre y que su esposa le regaló un billete de lotería como muestra de agradecimiento. ¡He aquí ganó un millón de dólares! Y que llegará a casa en cinco minutos con la buena noticia. ¿Irracional? Sí, pero mucho mejor

que la situación que imaginaste un par de minutos antes donde estaba muerto sin ninguna identificación.

4. Pregúntate qué es lo más probable que esté sucediendo. Ya has preparado el camino para pensar algo más lógico: "Mi hijo perdió la noción del tiempo, su teléfono celular se quedó sin batería y llegará a casa en cinco minutos. ¡Ah, y cuando llegue arreglaremos cuentas!". De hecho, eso es exactamente lo que sucedió en el caso real de Ángela.

Desde luego que a veces nos pueden pasar cosas malas, pero el escritor Mark Twain lo explica mejor: "En la vida he pasado por experiencias terribles, algunas de las cuales sí sucedieron". Por lo tanto, en vez de preocuparte por las desgracias que podrían suceder, usa esa viva imaginación para proyectar un futuro hacia el que valga la pena avanzar.

¡Sigue adelante y sé una mujer imparable!

Describe una ocasión cuando tuviste "pensamientos catastróficos". ¿Pasó realmente lo peor que podía ocurrir?

_____

_____

_____

_____

Menciona una ocasión cuando decidiste pensar en lo mejor que podía ocurrir. Describe cómo responderías de la misma manera cuando enfrentes una situación difícil en el futuro.

_____

_____

_____

_____

Oración

Señor, cuando pierda el control de mis pensamientos y me imagine situaciones irracionales y trágicas, te pido que me ayudes a interrumpir mis pensamientos y a cambiarlos por pensamientos más productivos y llenos de fe. Hazme más consciente de las situaciones que permito imaginar en mi mente, que me producen ansiedad, temor y duda. Muéstrame todas las veces que suelo tener pensamientos catastróficos y dame esperanza cuando me siento tentada a dejar mis pensamientos a la libre imaginación. Sé que tal cual sean mis pensamientos, así me sentiré. Ayúdame en este día a controlar mis pensamientos en vez de permitir que mis pensamientos me controlen. Amén.

18

¡Pasa, tienes luz verde!

Declaración

Hoy decido ver las puertas que Dios abre para mí, aunque no sean las que yo estaba tratando de abrir. Confío en que Dios guiará mis pasos. A veces eso significa girar en una dirección que no estaba en mis planes, pero sí en los de Él.

Puntos clave

• Presta mucha atención a la voluntad de Dios. A veces podemos verla claramente en las puertas que Él abre.

• Comprueba a la luz de la Palabra de Dios si las puertas que se abren son de Él.

Creo en el poder de una visión clara y convincente. Pero ¿qué pasa si tu visión es clara y convincente, pero las puertas se abren en una dirección distinta? Esto es justamente lo que me sucedió hace poco. Me había determinado a realizar ciertos proyectos, pero otras cosas sin relación alguna parecían consumir mi tiempo e impedir que me enfocara en la "visión".

Una mañana de la semana pasada, durante mi devocional privado, estaba orando por mi sueño cuando sentí un impulso diferente… creo que fue el Espíritu Santo. "Valorie, tienes luz verde. Tu mirada sigue fija en la luz roja y esperas que se encienda la luz verde para *tu* visión cuando yo ya detuve el tráfico y encendí la luz verde para que avances hacia *mi visión para ti*". ¡Impresionante!

Podrías estar tan concentrada en aquello que parece ser tu sueño, que no adviertes las oportunidades que se presentan delante de ti.

Te animo a prestar atención a las "luces verdes" de tu vida: puertas positivas que se abren y te invitan a pasar, aunque no sean exactamente las que imaginaste en tu sueño. Ya sea una oportunidad profesional inesperada, con el potencial de desarrollar habilidades y experiencia, o un "príncipe azul", cuyo corazón y espíritu son los que tú necesitas, presta atención a la luz verde.

En Mateo 11:30, Jesús dice; "porque mi yugo es fácil, y ligera mi carga". Cuando vives cumpliendo con tu propósito, ni las tareas más difíciles te resultan pesadas. Puede que trabajes duro, pero te sientes llena de energía y satisfecha por tu gran esfuerzo.

Las luces verdes son buenas oportunidades. Son oportunidades constructivas. Pero es necesario que abras tu mente y vayas más allá del concepto de "tu" visión.

¡Sigue adelante y sé una mujer imparable!

Hoy te animo a prestar atención a las "luces verdes" y a abrir tu mente para pasar y avanzar.

¿Qué cosas estás tratando de hacer, pero empiezas a sentir que son una pesada carga? ¿Qué "luces verdes" existen en tu vida que podrían ser oportunidades divinamente orquestadas que has pasado por alto? ¿Qué ves como una distracción cuando en realidad es justamente donde deberías estar enfocada?

Oración

Dios, no sé por qué, pero a veces no puedo avanzar, porque complico las cosas más de lo necesario. Tengo una idea de cómo debería ser el rumbo de mi vida y, cuando las oportunidades me desvían de mi camino, no siempre me doy cuenta de que eres tú que me estás diciendo: "Ven por este lado". Ayúdame a aceptar la idea de que mi camino podría no ir por donde yo esperaba, y que ese destino podría ser mucho mejor del que yo imaginaba. En vez de tratar de abrir las puertas a la fuerza, ayúdame a ver, apreciar y pasar por las puertas que tú abres para mí. Ayúdame a pasar con luz verde, Señor, donde el yugo es fácil y ligera la carga. Amén.

19

No permitas que las cosas que no puedes controlar te controlen

Declaración

Cuando caigo en la trampa de creer que necesito una cosa, una persona o un estado civil para ser feliz o exitosa, hago de eso un ídolo. La adoración a los ídolos es una trampa que me mantiene atrapada. Pero tengo el poder de derribar los ídolos de mi vida y ser libre. Puedo buscar los deseos de mi corazón y trabajar duro para obtenerlos sin permitir que la posesión de ellos dicte mis emociones, mi valor o mi felicidad.

Puntos clave

• Cuando las puertas que quieres abrir sencillamente no se abren, Dios siempre deslizará un mensaje por debajo de la puerta. Mira hacia abajo y recógelo.

• Decide desprenderte sanamente de tus objetivos personales. Aspira poder cumplir tus logros, pero no permitas que tus logros te definan.

• Cuando Dios es el objetivo, todos tus otros objetivos ocupan el debido lugar.

La primera vez que compré mi propia casa, una amiga me acompañó en la búsqueda inmobiliaria. Se notaba que estaba contenta por mí, pero también estaba fascinada por la posibilidad de ser dueña de una casa.

—¿Por qué no te compras tu propia casa también? —le pregunté.

—¡Ah, no! —dijo rápidamente y descartó la idea—. Siempre soñé con comprar mi primera casa cuando tuviera un marido. No me atrae mucho la idea de comprarla sola.

En ese momento, ni siquiera existía la posibilidad de casarse.

—Bien, ¿qué pasa si no te casas por un largo tiempo? Siempre podrás comprar otra vivienda una vez que te cases —le sugerí.

—No, no. Me encantaría, pero no soy tan valiente como tú. Siento que es algo que debería hacer con un hombre —dijo.

Desde luego que su actitud no es atípica. Pero ilustra algo que muchas de nosotras hacemos: ponemos la vida en pausa hasta que se den las circunstancias "indicadas"... circunstancias que escapan a nuestro control. Una cosa es cuando Dios te dice que esperes. Otra cosa totalmente distinta es cuando tus ideales te impiden avanzar. Cuando observas tus relaciones, tu carrera o tus finanzas, ¿de qué manera tus ideales del éxito te atan las manos y te impiden buscar los deseos de tu corazón?

Susana es una talentosa vocalista. Su voz podría competir con la de cualquier cantante popular de la actualidad. Ha invertido casi diez años intentando cumplir su sueño de ser cantante y ha pasado la mayor parte de esos años en Los Ángeles, donde ha hecho algunos avances. Escribe y graba sus propias canciones, pero también le pone su toque característico a distintas versiones de los clásicos. Sin embargo, está empezando a desanimarse. Durante los últimos cuatro años ha estado varias veces a punto de firmar importantes contratos discográficos. Cada vez que parece que lo va a lograr, algo sucede y el contrato no se firma. Uno de los directivos piensa que ella necesita más personalidad o un cambio de imagen o le sugiere que le haga algunos arreglos a sus canciones y que después vuelva. Pero, cuando hace los arreglos, los intereses de la compañía cambian o surgen otros obstáculos.

Ella tiene buena apariencia, talento y una linda voz. Parecería no faltarle nada. Pero ha elegido una de las industrias más competitivas del planeta. Además, aunque consiguiera la gran oportunidad de su vida, no hay garantías de que sea un éxito. Y, aunque lo fuera, no hay garantías de que consiga otro éxito, mucho menos una larga carrera. Mientras tanto, solo ha tomado trabajos que le permitan tener flexibilidad para perseguir su sueño: trabajos que le permiten pagar las cuentas, pero donde no puede hacer una gran carrera. De todas maneras, no es una carrera que le interesa. No hizo raíces donde vive. De hecho, se mudó algunas veces. Le hubiera encantado encontrar el amor de su vida, pero no tuvo el momento para ello. Mientras tanto, el tiempo pasa y está empezando a perder motivación.

Toda su vida ha girado alrededor de un objetivo: dedicarse a la industria del entretenimiento. Sacrificó *todo* por ese objetivo: relaciones, recompensa financiera, una vivienda propia permanente, estabilidad. Todas esas áreas de su vida están pausadas hasta que sus planes salgan bien. Solo que hay un grave problema: sin una manera clara de conseguirlo y sin ninguna garantía, se está privando de alcanzar el éxito en otras áreas de su vida por la posibilidad de materializar su sueño. Está estancada. Bueno, a menos que permita que las cosas que no puede controlar (conseguir la "gran oportunidad") la controlen.

—Creo que jamás pensé que me costaría tanto —dijo ella—. Yo pensaba que trataría de cumplir mi sueño y que finalmente se haría realidad en un par de años nada más. Nunca me imaginé que pasarían diez años y que no tendría ninguna seguridad de que alguna vez lo lograra. Nunca.

¿Te ha pasado lo mismo alguna vez? Tienes una visión. Das el paso de fe. Pero los tiempos de Dios no son igual a los tuyos. Mientras esperas ansiosamente que tu visión se materialice, pones en pausa otros sueños importantes de tu corazón. Creíste que Dios tenía un plan maravilloso para tu vida y pensaste que era el camino que estabas siguiendo. Solo porque no resultó como *esperabas* no significa que estás en el camino equivocado. Puedes descansar al saber que todas las cosas *ayudan* a bien, aunque no ocurran cuando lo esperabas. Podría significar que:

- Tu visión y definición del éxito difieren de las de Dios.

- Tu camino fue un laboratorio de aprendizaje donde Dios te estaba preparando para algo más importante o diferente.

- Te estás enfocando más en lograr tu objetivo que en lo que Dios está tratando de desarrollar en ti en el proceso hacia lograrlo.

Un equilibrio entre el contentamiento y el deseo

Las personas más resilientes también son personas flexibles. Tienen un sano desapego de sus objetivos, por lo cual pueden equilibrar el contentamiento con el deseo. Como el apóstol Pablo escribió en Filipenses 4:12-13: "Sé vivir humildemente, y sé tener abundancia; en todo y por todo estoy enseñado, así para estar saciado como para tener hambre, así para tener abundancia como para padecer necesidad. Todo lo puedo en Cristo que me fortalece".

Cuando insistimos en que nuestras circunstancias sean de cierta manera nos estancamos. Creer que lo que nos sucede determina nuestra felicidad es un mito. Por el contrario, en gran parte nuestra felicidad está determinada por las decisiones que tomamos a diario: la actitud que adoptamos y la capacidad de no darle demasiada importancia a un resultado en particular para poder ser felices. En cambio, con nuestros ojos puestos en Dios como el objetivo, podemos ir adonde Él quiera que vayamos, dar lo mejor de nosotras y confiarle el resultado a Él.

Si estás poniendo tu vida en pausa mientras esperas que se den las circunstancias exactas, suelta el botón de pausa. Lánzate a la aventura que te espera cuando dejas de lado la vida como siempre imaginaste que *debería* ser y aceptas la que *podría* llegar a ser.

Cuando tu objetivo se convierte en un ídolo

Sin darte cuenta, tu objetivo, tu sueño o las circunstancias que deseas en tu vida pueden convertirse en un ídolo. ¿Cómo sabes si son un ídolo? Si te identificas con las siguientes frases, podrían serlo. Lee cada una y sé totalmente sincera en tus respuestas:

- Pones al objetivo (y a cualquiera que haya logrado el objetivo) sobre un pedestal.

- Crees que, de alguna manera, lograr tu objetivo te hará más especial, valiosa o digna.

- Le dedicas más tiempo a tratar de lograr tu objetivo que a asegurarte de cumplir tu propósito divino en la vida.

- Si supieras qué te garantizaría lograr tu objetivo, estarías dispuesta a faltar a la verdad o engañar con tal de no quedar expuesta, perder una relación o que otros se enteren de algo que hiciste.

- Si los impulsos divinos que sientes en tu espíritu sobre tu objetivo no son lo que tú quieres, simplemente los ignoras.

- Buscas cumplir tu objetivo en detrimento de tus relaciones, tu salud y las esperanzas y los sueños que sabes que están divinamente inspirados.

¡Sigue adelante y sé una mujer imparable!

Es hora de hacer de Dios tu objetivo. Responde estas preguntas:

¿Qué objetivos o circunstancias has puesto sobre un pedestal y dejas de lado otras áreas de tu vida mientras esperas?

_____

_____

_____

Menciona de qué manera esta decisión te ha hecho poner aspectos de tu vida en pausa; aspectos que Dios te está llamando a cultivar y desarrollar.

_____

_____

_____

Considera en este momento la idea de rendir tu objetivo. ¿Cómo sería entregar el resultado de tu sueño a Dios?

_____

_____

_____

¿Qué podría dejar de estar en pausa si sacaras tu objetivo del pedestal donde lo colocaste?

———————————————————————

———————————————————————

———————————————————————

Si la idea de cambiar tu objetivo o dejar de tener tu vida en pausa antes de lograr tu objetivo es tan inquietante que se suscitan en ti emociones negativas mientras respondes estas preguntas, entonces debes saber que en este momento estás leyendo esta página por un propósito. Dios quiere concederte los deseos de tu corazón (Sal. 37:4). Quiere usarte en gran manera. Y también quiere ser el primer objetivo de tu vida. Tómate unos minutos para escuchar y meditar en el mensaje que Él te está transmitiendo en este momento.

Oración

Señor, ayúdame a no poner áreas de mi vida en pausa ni esperar ansiosa que mis deseos se cumplan antes de seguir adelante. Tú conoces los deseos de mi corazón. Ayúdame a no hacerme ídolos de ellos. Hazme libre de toda fortaleza que amenaza con desviarme del camino que has dispuesto para mí. Ayúdame a poner mis ojos en ti como el objetivo. Ayúdame a madurar cuando experimento decepciones. Anímame mientras espero pacientemente y camino hacia la meta en tu tiempo. No quiero que las cosas que no puedo controlar me controlen. Te entrego mis deseos a ti. Confío en tu tiempo. Ahora muéstrame lo que quieres que deje de poner en pausa. Dame la fortaleza y la actitud de seguir adelante con gozo, confianza y poder. Amén.

20
~~D~~eja las amistades tóxicas

Declaración

Voy a elegir mis amistades premeditadamente, no
por casualidad. Mis amigas pueden estimularme o
asfixiarme. El hierro se afila con el hierro, por eso mi
meta es ser hierro y atraer el hierro. A veces voy a tener
que tomar la difícil decisión de distanciarme de aquellas
personas cuya presencia es más probable que me lleven
a estancarme que a impulsarme a seguir adelante.

Puntos clave

* Define claramente tu criterio personal para desarrollar
  una amistad.

* Las actitudes son contagiosas, sean buenas o malas. La
  elección de tus amistades es una decisión importante en
  tu camino al éxito.

¿Qué nombre te aterra ver en tu pantalla identificadora de llamadas? ¿Qué sonrisa te parece un poco forzada cuando le cuentas tu último éxito? Y ¿quién es la última persona que llamarías si necesitaras revelar un secreto a alguien? A menudo usamos el término amiga livianamente, por ello quiero animarte a identificar claramente quiénes son tus verdaderas amigas y a encontrar el valor de dejar esas relaciones tóxicas, que te asfixian espiritualmente y te agotan la energía.

Investigaciones revelan que, durante los últimos 25 años, la cantidad de personas que el norteamericano promedio llama "amigos confidentes" se ha reducido a la mitad y hoy más que nunca es más probable que sean miembros de la familia. Las personas que tienen al menos tres o cuatro amistades muy cercanas son más sanas y más diligentes en sus trabajos, según sondeos de Gallup. Pero no solo se trata de amistades cercanas, sino de amistades saludables. Las relaciones estresantes son nocivas para tu salud, por eso debes elegirlas sabiamente.

Cuando mi clienta Estefanía mencionó a su amiga Ángela, pude notar un tono de estrés en su voz. Al parecer, Ángela usaba a Estefanía como su "paño de lágrimas" en cada una de sus crisis; pero ella nunca le devolvía el favor, y siempre atravesaba una crisis, incluso tiempo atrás cuando iban a la escuela secundaria. Un verano, Estefanía llevó a Ángela a su trabajo durante casi tres meses sin que Ángela se ofreciera una sola vez a pagar la gasolina. Estefanía estaba resentida, pero nunca dijo nada. Hace poco, Ángela había pasado por una ruptura —el cuarto novio en un año—, pero Estefanía escuchaba amablemente sus quejas y sus críticas sobre lo cual solo hacía algunos comentarios ocasionales como: "¿Hizo eso? ¡Oh, no debió hacerlo!".

Ahora estaba pasando por una "crisis" laboral. Su jefe había hecho una mala evaluación sobre ella y había señalado su escasa capacidad de comunicación con los compañeros de trabajo y su actitud antipática como un impedimento para su progreso en la compañía. Ángela estaba pensando en renunciar al trabajo y quería que Estefanía la ayudara a conseguir un puesto en su empresa; algo que Estefanía sabía que sería calamitoso. Consciente de que estaba en juego su reputación profesional, finalmente reunió el valor de hablar sinceramente con ella.

A decir verdad, Ángela sentía envidia y pensaba que tenía derecho a recibir la lástima y ayuda de Estefanía, quien tenía un trabajo que amaba, una vida amorosa feliz y estable, y era leal... en exceso. ¿Puedes identificarte?

Cuídate y elige premeditadamente tus amistades. Las relaciones saludables te ayudarán a edificar el fundamento para una vida más feliz. Hazte estas preguntas para descubrir quiénes son verdaderas amigas y comienza a cultivar esas amistades.

¿Me estimula o me asfixia esta amistad?

Lo ideal es que te estimule. Que saque lo mejor de ti. Si tienes que animarte mentalmente antes de pasar tiempo con alguien, es una gran señal de advertencia de que algo no está bien. O habla sinceramente sobre lo que no te gusta o bien toma la decisión de distanciarte de esa amistad.

¿Puedo confiar en esta persona? No hay tal cosa como una amiga en la que no puedes confiar. Si no puedes confiar en ella, no es tu amiga. De modo que deja de llamarla amiga. Llámala de otra manera. Compañera. Conocida. Un contacto. Pero no amiga.

¿Me cae bien esta persona? Parece obvio, pero las personas se hacen amigas por diferentes razones: por conveniencia, por asociación o por beneficio. Es mucho más fácil desarrollar relaciones fuertes con personas que respetas y te caen bien, y con quienes compartes los mismos valores.

¿Soy yo misma con esta persona? Si no puedes relajarte cuando estás con ella, ¿qué sentido tiene? Las verdaderas amigas te aceptan tal cual eres y te alientan a ser cada vez mejor. Sin condenación. Si te sientes inquieta o con la necesidad de impresionar, ocultar algo o no ser tú misma, hay un problema.

¿Quiero ser amiga de ella? Esta es una buena pregunta de examinación. Deberías sentirte atraída hacia tus verdaderas amigas y deberías estar lista para ser una verdadera amiga para ellas. Es agradable recibir apoyo, pero las auténticas amistades dan y reciben apoyo.

¡Sigue adelante y sé una mujer imparable!

Piensa en tres amigas con las que pasas la mayor parte del tiempo. Completa los casilleros de abajo marcando las frases verdaderas para cada relación.

Nombre:

- Esta relación me estimula.
- Puedo confiar en esta persona.
- Esta persona me cae bien.
- Puedo ser yo misma con esta persona.
- Quiero ser amiga de esta persona.

- Esta relación me asfixia.
- No puedo confiar en esta persona.
- Esta persona me cae mal.
- No puedo ser yo misma con esta persona.
- No quiero ser amiga de esta persona.

Nombre:

- Esta relación me estimula.
- Puedo confiar en esta persona.
- Esta persona me cae bien.
- Puedo ser yo misma con esta persona.
- Quiero ser amiga de esta persona.

- Esta relación me asfixia.
- No puedo confiar en esta persona.
- Esta persona me cae mal.
- No puedo ser yo misma con esta persona.
- No quiero ser amiga de esta persona.

Nombre:

- Esta relación me estimula.
- Puedo confiar en esta persona.
- Esta persona me cae bien.
- Puedo ser yo misma con esta persona.
- Quiero ser amiga de esta persona.

- Esta relación me asfixia.
- No puedo confiar en esta persona.
- Esta persona me cae mal.
- No puedo ser yo misma con esta persona.
- No quiero ser amiga de esta persona.

Oración

Señor, cada día me cruzo con otras personas y sé que tú has orquestado divinamente la aparición de estas en mi vida para que sean de bendición para mí o yo para ellas. Dame un fuerte discernimiento sobre mi círculo íntimo. ¿Quiénes son mis confidentes? ¿Con quiénes puedo contar? ¿A quiénes debería dejar y con quiénes me debería quedar? Para poder experimentar la vida maravillosa que siempre has pensado para mí, sé que necesito a las personas correctas: hierro que afila el hierro, personas que saquen lo mejor de mí, no lo peor. Y necesito cultivar mi relación con las más cercanas. Dame más capacidad de relacionarme de tal manera que pueda ser yo misma. Ayúdame a perdonar. Ayúdame a ponerme en el lugar de los demás y a tener compasión, sabiduría y comprensión. Abre mis ojos a los malos hábitos con respecto a mis relaciones y ayúdame a transformar esos hábitos. Amén.

21

*P*onte en el lugar del otro

Declaración

Hoy decido colaborar, no competir. Estar en bandos opuestos significa empujar el uno contra el otro... una receta infalible para el estancamiento. Aunque esté en desacuerdo con otra persona, decido al menos ponerme en el lugar de ella y asegurarme de que sepa que puedo ver las cosas desde su perspectiva. Estar del mismo lado es una herramienta poderosa para avanzar y seguir adelante.

Puntos clave

• Todas las personas necesitan que las escuches, incluso las que en este momento parezcan ser tus enemigas.

• No te limites a pensar lo que debe estar sintiendo la otra persona. Verbaliza tus pensamientos.

*A*veces sentimos que estamos en una meseta relacional con aquellas personas que realmente nos importan. Es espantoso querer que todo esté bien con aquellos que amamos y ver que no es así. En medio de la frustración de saber que tú tienes la razón y que ellos están equivocados, de esperar que recapaciten y que sean razonables, hay otra decisión que puedes tomar para salir de esa meseta. Es muy simple: diles que lo que te están diciendo te parece lógico.

En otras palabras, ponte de su mismo lado. Cada vez que tienes una diferencia con alguien estás en una meseta donde se empujan uno al otro en la dirección opuesta. Y el único resultado de ello es un punto muerto. Cuando dices sinceramente: "Puedo comprender lo que me estás diciendo", dejas de empujar. Metafóricamente, te acercas a esa persona y empujas codo a codo junto a ella en la misma dirección. Ahora, ya no son adversarios. Tú la comprendes.

Una vez que la comprendes, se abre una pequeña puerta para un diálogo más productivo donde puede gestarse un compromiso. Esta estrategia requiere cierta humildad de tu parte y dejar tu perspectiva por un momento para ver las cosas a través de los ojos de esa persona. En un sentido psicológico positivo, haces un depósito en la cuenta bancaria emocional positiva de la relación, específicamente, en esa conversación. Ninguna relación puede permanecer sana y funcional cuando se deposita demasiada negatividad. Así como las emociones positivas pueden ayudarte a tomar mejores decisiones, estas pueden dar lugar a una conversación que produzca mejores resultados.

¡Sigue adelante y sé una mujer imparable!

Piensa por un momento en un conflicto o desacuerdo que estés experimentando. Describe con quién es y sobre qué es:

_____

_____

_____

Si dejaras de pensar en ti y te pusieras en el lugar de la otra persona, ¿qué verías de su lado que no puedes ver de tu lado del razonamiento? Enumera todo lo que verías:

_____

_____

_____

¿Qué razonamiento está tratando de explicar esa persona que te has negado a reconocer o ver? Podría ser una verdad que no te deja bien parada. Podría ser una situación que afecta negativamente a esa persona, pero que a ti no. Podría ser algo que le produce temor o ansiedad, pero a ti no. Podría ser un problema que desearías que no existiera y que ni siquiera sabes cómo resolver, de modo que preferirías no hablar de ello y en cambio tratar de resolverlo. ¿Entiendes lo que quiero decir? ¿Entiendes "qué quiere decirte esa persona"? Te pido que en este momento respires hondo. Cierres tus ojos y te imagines la conversación desde su punto de vista. ¿Qué está tratando de decirte que no has podido reconocer o ver? Descríbelo en el siguiente espacio:

_____

_____

_____

_____

_____

Ahora, vuelve a tu punto de vista y respira hondo otra vez. Después de entender el razonamiento de esa persona cuando te pusiste en su lugar, ¿estás dispuesta a decirle que puedes comprenderla? A menudo las personas solo quieren que alguien las escuche. Y pelearán incesantemente hasta sentir que las has escuchado. Si no lo haces, seguirás estancada, resentida, amargada, ofensiva y no podrás avanzar.

La verdad es que a menudo ni siquiera necesitas cambiar de opinión para salir de ese estancamiento. Solo necesitas ver lo que la otra persona está diciendo y reconocerlo. Un sorprendente estudio realizado en la Universidad de Economía de Nottingham reveló que los clientes eran dos veces más propensos a perdonar a una compañía por un incidente negativo cuando la compañía se disculpaba en vez de devolverle su dinero. En otras palabras, el enojo de los clientes no era por el dinero; ellos querían que la compañía mostrara interés por lo ocurrido y que se pusieran en su lugar.

Oración

Señor, ayúdame a ver las cosas no solo desde mi propia perspectiva, sino a ponerme en el lugar de quienes me rodean. Ayúdame a comprenderlos y tener compasión de ellos en vez de obstinarme y buscar mi propio beneficio. Derrama tu gracia sobre mis relaciones de tal modo que se desarrollen en armonía. En vez de dar vueltas en el mismo lugar y buscar quién tiene la razón y quién está equivocado, ayúdame a amar como tú. Ayúdame a escuchar y comprenderlos y, a la vez, a poner límites y hacer lo que sé que está bien. Amén.

22

Conoce a los asesinos de tu motivación

Declaración

Hoy decido establecer mis objetivos con el pleno
conocimiento de la razón que me lleva a querer lograrlos.
Me propongo perseverar en mi motivación sin caer en
la trampa de compararme con quienes me superan y
perder el interés. Decido hacer que mis objetivos sean
divertidos y disfrutar del proceso hasta lograrlos.

Puntos clave

* La motivación no es suficiente. Puede ser fácil perder, involuntariamente, toda esa motivación que te impulsaba.

* Controlar tus pensamientos es una clave para dominar la motivación.

¿Te inscribiste alguna vez en un gimnasio o te compraste el último vídeo de ejercicios solo para perder la motivación y dejar de hacer gimnasia? Si eres como la mayoría de las mujeres, sabes de qué estoy hablando. Tus intenciones son buenas, pero la fuerte motivación que te impulsa al final se esfuma y vuelves a la misma condición que antes… o peor. Entonces, ¿cuál es el secreto para mantener la motivación?

Los psicólogos señalan que una clave para cambiar nuestra manera de pensar es asegurarnos de que nuestra motivación sea sólida. Tu motivación es la "razón" que te lleva a querer lograr tu objetivo; razón que debe salir de tu interior. La motivación extrínseca puede ser tentadora, pero no tiene el peso necesario para fortalecer tu perseverancia. Por ejemplo, podrías motivarte en adelgazar 10 kilos para verte espléndida en el próximo reencuentro de ex compañeras de la escuela secundaria. Pero ¿después qué? La motivación intrínseca es más sólida. Por ejemplo: "quiero experimentar el potencial de saber que soy capaz de lograrlo" y "quiero tener una larga vida para ver a mis nietos graduarse en la universidad" son motivaciones intrínsecas para cuidar nuestra salud. No son malas las motivaciones extrínsecas, pero si todas tus motivaciones son externas, es más probable que te des por vencida cuando se te complique lograr tu objetivo. Tan peligroso como no tener una "razón" suficientemente fuerte, algunos malos hábitos comunes pueden hacerte perder tu motivación.

¿Eres culpable de alguno de estos asesinos de la motivación?

Asesino de la motivación #1: Compararte con quienes te superan

Cuando siempre te comparas con personas que se ven más saludables, atractivas o disciplinadas, puedes perder la motivación y desanimarte. No tiene nada de malo observar a aquellos que te rodean, pero hazlo de manera equilibrada. No observes solo a quienes tienen todo bajo control, sino también a quienes les cuesta trabajo. De ese modo te darás cuenta de que no eres la única que está luchando. Y, cuando te comparas con alguien que te supera, hazte preguntas que sean de beneficio para ti, como por ejemplo: *"¿Qué hace para mantenerse en línea?" y "¿Cómo hace para no tentarse con esas galletitas con trocitos de chocolate?"*.

Solución: En vez de envidiar, infórmate y aprende de aquellos que tienen éxito en esa área.

Asesino de la motivación #2: Tener demasiada ambición

Sé que no parece muy norteamericano pedirte que refrenes tu ambición. Pero demasiada ambición puede ser contraproducente. ¿Has comenzado alguna vez el Año Nuevo con una lista de buenos propósitos? Por ejemplo, hacer una hora de ejercicio al día, no beber más refrescos, beber ocho vasos de agua diarios, irte a dormir a las 9 de la noche. ¡y no correr a comprarte una barra de chocolate cada vez que llega la media tarde! Al tercer día, fracasas de manera lamentable.

Solución: Establece un objetivo y camina totalmente enfocada en él. Después de 21 días, agrega otro objetivo. Repite este ciclo hasta que alcances todos tus objetivos. Los cambios en los hábitos de vida se consiguen poco a poco, no de la noche a la mañana.

Asesino de la motivación #3: No divertirte

Si sales a caminar sola o te fuerzas a hacer actividades que realmente no disfrutas, puedes perder la motivación. Sal a caminar con una amiga, toma una clase o únete a un grupo de actividad. Si tomas tu objetivo como una iniciativa social, será más divertido. Investigaciones revelan que las emociones positivas, que se generan cuando nos divertimos, realmente nos ayudan a perseverar.

Solución: Deja de considerar el ejercicio como una obligación y encontrarás la manera de transformarlo en una diversión.

¡Sigue adelante y sé una mujer imparable!

Cuando al compararte con las mujeres que te superan pierdes el interés en tu objetivo, ¿qué pensamientos positivos te ayudarían a volver a motivarte?

_____

_____

Puedes tener varios objetivos, pero sé estratégica sobre cuánta energía asignarás a cada uno en su momento.

Al considerar tu salud, tus relaciones, tus finanzas, tu carrera y tu vida espiritual, ¿cuáles son los principales tres cambios de hábitos de vida que te gustaría hacer? (Ejemplos: comenzar cada día con 15 minutos de oración o meditación, salir a caminar 1.500 metros todos los días a la hora del almuerzo, reemplazar el costoso café con leche por un vaso de agua). ¿En qué hábito te enfocarás primero, segundo y tercero?

_____

_____

¿Cómo harás para divertirte mientras adquieres cada uno de esos nuevos hábitos?

_____

_____

_____

_____

_____

_____

Oración

Señor, quiero ser una persona que termine lo que empieza y que nunca pierda de vista el objetivo. Ayúdame a no tropezar ni caer en las trampas que aparecen en mi camino. Si hoy fallo o las cosas no salen como lo he planeado, haz que pueda mantener una actitud de perseverancia. Ayúdame a resistir la tentación de compararme todo el tiempo con las personas que me superan ampliamente. Ayúdame a tener expectativas altas, pero también realistas. Y ayúdame a divertirme mientras camino hacia mi objetivo y a disfrutarlo en vez de verlo todo muy difícil. Amén.

23

Estimula tu capacidad intelectual

Declaración

Hoy decido tomar la vida como una aventura y tener una mentalidad de crecimiento. La evidencia de estar totalmente viva es seguir creciendo. Dios me creó para extenderme más allá de mi rutina diaria y probar cosas nuevas: conocer su creación y vivir una vida maravillosa.

Puntos clave

* Decide ver los obstáculos como oportunidades, no como situaciones propicias para el fracaso.

* La mentalidad de crecimiento —la predisposición a aprender cosas nuevas y esforzarse en dominarlas— se extiende a cada área de tu vida.

* Aceptar una vida de aprendizaje puede mejorar tu función cerebral, aumentar tu potencial y darle más alegría a tu vida.

¿Cuánto temor te da aprender algo nuevo? Un cumpleaños clave en su vida fue un hecho catalizador para que mi amiga Daniela se embarcara en un inspirador "plan de cinco años" para aprender cosas nuevas, conocer destinos nuevos en todo el mundo y buscar la manera de vivir una aventura en cada lugar. Hace dos años, venció el temor a las alturas al escalar el monte Kilimanjaro en Tanzania. El año pasado corrió un maratón (el primero) en Estambul, Turquía. Ahora junto a un grupo de amigos harán una expedición de paracaidismo en Florida con un condecorado veterano de guerra. El año que viene correrá una carrera de ciclismo en la ruta del torneo de Francia. Y rematará el plan de cinco años enfrentando su temor a las aguas profundas. "El año pasado, cuando hice el curso para recibir un certificado de buceo, sentí pánico" —dice Daniela—. La única manera de enfrentar mi temor a las aguas profundas es enfrentarlo". Por ello está planeando hacer un viaje para practicar buceo.

¿Y tú? Hacer paracaidismo o escalar la montaña más alta de África podría no ser lo tuyo, pero tal vez sea tiempo de aventurarte a realizar tus vacaciones soñadas o entrenar para la próxima carrera de diez mil metros. ¿Cómo puede haber personas que se pasan la vida aprendiendo, mientras otras piensan que la vida les ha enseñado todo lo que necesitan saber?

La doctora en psicología de la Universidad de Stanford, Carol Dweck, tiene una respuesta. Ella señala que adoptar una "mentalidad de crecimiento" en vez de una "mentalidad fija" nos conduce a ver los obstáculos como oportunidades para aprender, no como situaciones propicias para el fracaso. ¿Cuál es el resultado? Cuando tú tienes una mentalidad de crecimiento, estás mejor predispuesta a aprender cosas nuevas y a esforzarte en dominarlas. Esta actitud puede extenderse a cada área de tu vida —por ejemplo, el trabajo, las relaciones, las finanzas, incluso el hábito de hacer ejercicio— y puede sacarte de la rutina cada vez que quieras.

Resulta ser que aceptar una vida de aprendizaje tiene otras ventajas importantes: puede mejorar tu función cerebral, aumentar tu potencial y darle más alegría a tu vida. Entonces, ¿cómo se puede empezar? En las pequeñas cosas: prueba un menú nuevo en tu restaurante favorito o toma una clase sobre un tema que nunca has estudiado. Usa estas tres categorías como una guía para empezar:

1. Estudia algo que pensabas que no podías aprender. Nunca fui buena para dibujar otra cosa que no fueran figuras de palitos; por ello cuando recientemente me invitaron a tomar una clase de pintura, no fui muy optimista. Pero, al final de la clase, me sentía un da Vinci. Mi pintura cuelga en mi antesala como un recordatorio de que soy capaz de más de lo que imaginaba. Con las instrucciones adecuadas y un poco de práctica, puedes hacer muchas cosas que nunca hiciste.

2. Intenta aprender algo para lo cual pensabas que ya no estabas en edad. ¿Piensas que se te pasó el tiempo de aprender a nadar porque no lo hiciste cuando eras niña? ¿Pensaste siempre que sería fantástico cantar en un escenario o actuar en una obra de teatro? Inténtalo para divertirte y ampliar, exponencialmente, tu potencial.

No se trata de competencia y rendimiento, sino de aprender algo por puro placer. Puedes ser mala para eso, pero, si te gusta, ¡hazlo! Cuando te permites hacer algo mal, que no obstante te hace sentir bien mientras lo haces, te entregas a la libertad de gozar de una vida mucho más plena.

3. Deja de pensarlo y haz aquello que estás planeando hacer algún día. ¿Qué has estado pensando en aprender "algún día"? ¿Italiano coloquial para ese viaje soñado a Italia? ¿Cómo leer un balance financiero? Tal vez *hoy* sea ese *algún día*. El tiempo pasa rápidamente. No permitas que se te escape.

Al igual que cada parte de nuestro cuerpo, el cerebro está en constante cambio, y sí, incluso a medida que envejecemos, puede cambiar para mejor. El doctor Michael Merzenich, un pionero en el área investigativa llamada plasticidad cerebral, dice que, cuando aprendemos algo nuevo, revitalizamos nuestra mente y mejoramos nuestra función cognitiva. Por lo tanto, cuando realizamos actividades nuevas, en realidad estamos ejercitando nuestro cerebro.

¡Sigue adelante y sé una mujer imparable!

Ponte el objetivo diario de ampliar tu capacidad de desarrollo con un nuevo proyecto o experiencia o incluso con una nueva ruta hacia el trabajo. De ese modo desarrollarás vías neuronales que podrían, literalmente, prolongar tu juventud. Ya sea que siempre hayas soñado con tocar un instrumento musical o quieras desempolvar esa vieja esperanza de seguir con tus estudios, nunca es demasiado tarde para aprender ni hay límites para cuánto podemos cambiar. En una ocasión, el autor Les Brown lo describió de esta manera: "La vida no tiene límites excepto los que tú te pones".

¿Qué objetivos has estado posponiendo para "algún día"?

_____

_____

_____

¿Qué pasos concretos puedes dar para alcanzar ese objetivo?

_____

_____

_____

Oración

Señor, gracias por el milagro de mi cuerpo y mi mente. Tú me creaste de tal manera que puedo crecer y desarrollar mi mente tan solo con probar cosas nuevas y comprometerme a aprender. Señor, ayúdame a no estancarme en un patrón de pensamiento que cree que lo que sé y quién soy ahora es todo lo que hay para mí. Mi potencial es ilimitado. Ayúdame a ver mi vida como una aventura de aprendizaje y a estar abierta a todas las experiencias que tú has dispuesto para esta vida preciosa que me has dado. Te pido que, mientras aprendo cosas nuevas, permitas que mi mente se desarrolle más allá de mi inteligencia actual y a extenderme más allá de mi capacidad actual. Amén.

24

_H_abla de lo que quieres, no de lo que no quieres

Declaración

Hoy decido hablar de lo que quiero, no de lo que no quiero. Cuando hablo de lo que no quiero, me enredo en lo negativo y no me enfoco en la solución: una receta infalible para el estancamiento. Cuando hablo de lo que quiero, manifiesto una intención y empiezo a caminar hacia mi objetivo. Por lo tanto, hoy, cuando vuelva a hablar de cosas que me disgustan, me molestan o me asustan, voy a interrumpir mis palabras y diré: "Sí, entiendo todo eso. Pero ¿qué es lo que tú quieres?".

Puntos clave

- Las palabras negativas producen emociones negativas. Las emociones negativas limitan el alcance de tus pensamientos y les impiden moverse en dirección positiva.

- En vez de quejarte, ¿qué podrías pedir?

- Tus palabras pueden dar vida a tus sueños o los pueden matar.

_E_s muy fácil caer en la rutina de hablar de lo que no quieres. Lo negativo es más poderoso que lo positivo y, muchas veces, sin querer acentuamos lo negativo cuando lo hablamos, y no solo una vez, sino varias veces. Quizás hables de tu problema repetidamente con diferentes amistades, compañeras de trabajo o miembros de tu familia. Quizás repitas los comentarios negativos que has escuchado decir sobre tu situación. Frustrada por el obstáculo que tienes frente a ti, podrías cavilar en eso todo el tiempo; no solo mentalmente, sino también verbalmente. Y cuanto más verbalizas el problema, más se agranda. Y cuanto más grande es, más temor y ansiedad sientes.

Tus palabras tienen poder. ¿Estás usando ese poder para estancarte o para ser una mujer imparable? O haces una cosa o la otra.

Para ser clara, no estoy sugiriendo que niegues la existencia de un problema al no mencionarlo. Fingir no hará que tu problema desaparezca. Pero no lo magnifiques con comentarios exagerados o con palabras que te debiliten en lugar de que te fortalezcan. En cambio, cuida bien tus palabras. Habla intencionalmente de los obstáculos o las dificultades de una manera que te dé poder para tomar el control y superar esa situación. Habla de una manera que exalte el poder de Dios para ayudarte a vencer los obstáculos. Habla de una forma que confirme la clase de persona que quieres ser frente a una dificultad. Habla de lo que *quieres*, no de lo que no quieres.

Hablar de lo que quieres enfoca tu mente en el resultado que deseas, no en el que temes y te aterra. Por consiguiente, tu energía se concentra en lo positivo y avanzas con más naturalidad hacia ello. Hablar de lo que quieres produce sentimientos *diferentes*. Infunde aliento de vida a tu situación y resalta la posibilidad de un resultado positivo en lugar de negativo.

Aquí te muestro cómo hacerlo. Mide tus palabras sobre las dificultades y los obstáculos que enfrentas con estas tres preguntas:

- ¿Reflejan mis palabras lo que quiero que suceda?

- ¿Reconocen mi poder (ya sea grande o pequeño) de efectuar un cambio?

- ¿Reconocen el poder de Dios o lo que Dios quiere para mí?

Considera por un momento tus relaciones, tus finanzas, tu salud y tu vida laboral. Para cada área, las siguientes frases son ejemplos

de cómo usar tus palabras para hablar de lo que quieres en lugar de
lo que no quieres.

Problemas relacionales:

Quiero paz en nuestra relación. En lugar de: *Estoy cansada de
discutir contigo.*

Quiero sentirme segura de tu amor por mí. En lugar de: *No te tengo
mucha confianza.*

Es importante para mí que me escuches. En lugar de: *Tú nunca
me escuchas.*

Me encanta cuando eres cariñoso conmigo. En lugar de: *Nunca eres
cariñoso conmigo.*

Problemas de dinero:

Quiero tener lo suficiente. En lugar de: *Estoy cansada de no tener
ni un centavo.*

Necesito aumentar mis ingresos. En lugar de: *No me van a aumentar
el sueldo.*

Estoy saliendo de las deudas de las tarjetas de crédito. En lugar de:
Estoy hundida en las deudas de las tarjetas de crédito.

Problemas laborales:

Quiero encontrar un trabajo que disfrute. En lugar de: *Detesto
mi trabajo.*

Estoy ansiosa por terminar exitosamente este proyecto. En lugar de:
Este proyecto me aterra.

*Estoy aprendiendo una lección en este reto laboral que estoy enfren-
tando.* En lugar de: *Nunca me dan una promoción en mi trabajo.*

Problemas de salud:

Estoy aprendiendo a comer sano. En lugar de: *No puedo dejar de
comer dulces (o pasta o frituras).*

Estoy haciendo lo máximo para mantenerme saludable. En lugar
de: *En cualquier momento me resfrío.*

Estoy buscando la manera de mejorar mi apariencia. En lugar de:
Detesto cómo me veo.

Reconoce realmente qué está sucediendo

En vez de empecinarte en fingir que no te sientes estancada o paralizada ni estás postergando las cosas, dilo a toda voz: "¡Me siento estancada y paralizada, y vivo postergando las cosas! Ahora bien, ¿qué quiero yo?". Suponiendo que quieres avanzar y seguir adelante, necesitas redirigir tus pensamientos y tu energía hacia lo que quieres. Dilo en voz alta: "Quiero salir a caminar para hacer ejercicio. Quiero hablar y decirle a esa persona lo que necesito. Quiero empezar ese proyecto y tratar de cumplir mi sueño. Quiero_____".
La lengua tiene poder sobre la vida y la muerte (Pr. 18:21). Por lo tanto, haz una pausa. Respira. Luego cierra tus ojos y medita en lo que quieres. Visualiza que lo estás haciendo *en este mismo momento*, sin jactancia y sin dificultad. Con naturalidad y facilidad, imagínate que estás avanzando. El siguiente paso es simple: ¡Avanza! Una vez que rediriges tus pensamientos, te resultará natural redirigir tus acciones.

¡Sigue adelante y sé una mujer imparable!

Las palabras y las emociones negativas tienen poder, y es importante que te asegures de que no dominen sobre lo positivo. ¿En qué situaciones actuales necesitas empezar a decir palabras de vida, esperanza y verdad?

_____

_____

_____

_____

_____

_____

_____

_____

Oración

Mis palabras tienen poder, Dios. De hecho, tu Palabra afirma que mi lengua tiene poder sobre la vida y la muerte. Muéstrame las palabras que están estorbando mi progreso. A veces he usado mis palabras para contradecir tu Palabra al dudar de tus promesas y creer que, de alguna manera, tus promesas son para otros, no para mí. Hoy te pido que te lleves todas mis dudas. Dame certidumbre al hablar. Que mis palabras reflejen una fe inquebrantable en tu poder sobrenatural para mover montañas y transformar mi vida. Habla a través de mí de tal manera que pueda bendecir a otros. Dame palabras de victoria, para una vida renovada y un espíritu imparable. Gracias por bendecirme con este poder maravilloso que hay en mis palabras. Ahora te pido que me ayudes a no usar mal este poder y empezar a usarlo para el propósito por el que me lo has dado: para infundir vida. Amén.

25

Empieza

Declaración

Hoy decido empezar. Soy libre del lazo del enemigo cuando doy un paso al frente en fe. Aunque me vuelva a estancar, solo seguiré allí paralizada si no me muevo. Entonces, todo es cuestión de empezar a moverme una y otra vez. Y eso es lo que me hace imparable.

Puntos clave

* Salir del estancamiento no es complicado. Empieza a moverte.

* Haz algo pequeño.

* Haz algo grande.

Hace algunos años, mi padre y yo estábamos hablando sobre cómo levantarse temprano por la mañana cuando lo único que quieres es silenciar el despertador y hundir tu cabeza bajo las sábanas. Él me dijo algo que siempre recuerdo cada vez que tengo ganas de seguir durmiendo: "La clave es apoyar los pies sobre el piso iy empezar a moverlos!". Simple, pero cierto.

El movimiento sucede en una fracción de segundo, al tomar la decisión de sentarme, estirar mis piernas al costado de la cama, levantarme y empezar a mover los pies. En el fragor del momento, cuando mi carne dice: "¡Solo cinco minutos más... *por favor!*", necesito tomar consciencia y decir: "No, tengo que levantarme ahora", y después llevarlo a la acción. Una vez que empiezo a mover los pies, ¡sigo en movimiento!

Cuando llego al baño y agarro el dentífrico, escucho una pequeña voz de orgullo, que me dice: "¡Lo hiciste! No tenías ganas, pero lo lograste". Sobre tu vida tienes más poder del que empleas. Ese poder está en tu capacidad de actuar y tomar decisiones en otra dirección. Dios te ha dado albedrío y te ha bendecido con un sano juicio, capaz de tomar decisiones. No te ha dado espíritu de temor; en cambio, te pide que seas decidida y valiente en tus pasos... porque Él está contigo. ¿Me oyes? *Dios está contigo.* ¿Qué estás esperando?

Empieza hoy mismo. Gira y empieza a caminar en la dirección que el Espíritu Santo te está guiando. Es una elección. Y aunque a veces el interminable palabreo de las personas y de los medios de comunicación, así como las dudas y los temores que aparecen en tu mente pueden parecer abrumadores, tú tienes el poder de ignorarlos y hacer lo que sabes que es hora de hacer. Martin Luther King, Jr., dijo una vez: "Da tu primer paso con fe, no es necesario que veas toda la escalera completa".

Cuando estás tratando de rechazar ese palabreo negativo, esas palabras que te paralizan, el primer paso puede parecer enorme. Puede parecer monumental... en tu cabeza. Pero en realidad, no lo es. Solo lo haces monumental en tu mente. Y, cuanto más grande lo hagas, más miedo te dará. De modo que hazlo pequeño. Simple.

Los primeros pasos son simples. Hacer una llamada. Completar una solicitud. Entablar una conversación. Limitar el consumo de azúcar. Romper las tarjetas de crédito. Inscribirte en una clase. *Pedir perdón.* Tomar a alguien de la mano. Comprar un boleto de avión. Escribir una carta. Abrir una cuenta de ahorro. Escribir tu objetivo.

Leí esta frase anónima el otro día en el supermercado:

> Lo único que tienen en común todos los famosos autores, atletas de clase mundial, cantantes, actores y las personas exitosas de cualquier ámbito es que todas empezaron su carrera cuando no eran ninguna de esas cosas.

Cualquiera que sea tu sueño, ya sea un matrimonio feliz o una carrera determinada o un cuerpo más sano o libertad financiera, hoy puedes dar el primer paso en dirección del deseo de tu corazón.

Cuando tus pensamientos producen acción, al final, tu acción dará vida. Los pensamientos te llevan en la dirección correcta, pero la fe y el valor producen la acción. Y eso es todo lo que importa… lo que haces. Lo que haces crea tu realidad.

¿Llegó el momento de hacer algo en tu vida? Empieza a hacerlo.

¡Sigue adelante y sé una mujer imparable!

¿Cuál es el primer paso que tienes que dar para hacer tu sueño realidad?

_____

_____

_____

_____

_____

¿Qué pensamientos negativos te están impidiendo dar ese paso?

_____

_____

_____

_____

¿Qué pensamientos positivos triunfarán sobre los pensamientos negativos?

_____

_____

_____

_____

Oración

Señor, creo en una nueva oportunidad, un sueño que todavía no se cumplió o que tal vez ni siquiera expresé. Dios, estoy nerviosa por empezar, pero sé que solo necesito dar un simple paso. Todo es cuestión de empezar. Debo escribir esa primera palabra, entablar esa conversación, inscribirme en esa clase, tener esa reunión. Simplemente, debo comenzar. Señor, cuando pienso en eso me pongo nerviosa, pero sé que soy la única que puede dar ese paso. Nadie lo hará por mí. Tú puedes ayudarme a tener valor. Dame un espíritu de fe para actuar, avanzar valientemente, aceptar el reto, vivir una vida plena. Ayúdame a empezar hoy. Amén.

26
¡Sigue adelante!

Declaración

Hoy decido seguir avanzando en la dirección correcta, perseverar, persistir. No estoy enfocada en llegar rápido; sino en avanzar constantemente hacia la visión que Dios me ha mostrado. Aunque tropiece, seguiré adelante.

Puntos clave

• La acción constante te ayuda a llegar a la línea de meta final.

• Tener un sentido de propósito alimenta la perseverancia.

Empezar es el principio. Después del primer paso, tienes que cuidar tus decisiones en todo momento. Se requiere de práctica. No lo harás perfectamente todos los días. Pero está bien, porque cada día es una nueva oportunidad de volver a empezar.

El simple hecho de *hacer* algo, te ayuda a avanzar. Aunque tropieces, aun así realizaste una acción. De modo que sé buena contigo misma cuando te vuelvas a estancar. Eres humana. Vas a cometer errores. Y tu insistencia en no permitirte hacer algo mal es la misma razón de tu estancamiento. Si pones tanto esmero en ser perfecta, no eres libre. Solo cuando te arriesgas a equivocarte eres libre para dedicarte con entusiasmo a intentarlo, vivir, ser imparable.

Entonces, ¿cómo seguir adelante? ¿Cómo seguir avanzando en especial cuando te sientes estancada, desanimada o claramente atemorizada?

Toma la decisión de seguir adelante. La decisión está en ti.

Como mi esposo le dice a menudo a cada uno de nuestros hijos: "Las decisiones marcan tu vida y determinan tu futuro". La perseverancia no ocurre por sí sola. ¡Tú tomas la decisión de perseverar! **Da otro paso.** Tu próximo paso ni siquiera tiene que ser grande. Simplemente, un paso. Y después de ese paso, otro, y así sigues avanzando. ¿Qué paso podrías dar hoy?

Reúne tu equipo de apoyo. Si realmente te cuesta pensar bien o dar el paso correcto, habla con aquellos que pueden recordarte quién eres y cuál es el propósito de tu vida. Si puedes, busca a alguien que esté yendo en tu misma dirección, háblale del objetivo que hoy tienes en tu vida y pregúntale si puedes rendirle cuentas de tu progreso. Las personas imparables no andan solas. Buscan a otras.

Camina. Avanza físicamente. El concepto literal de dar un paso tras otro y tras otro es una metáfora poderosa de los pasos que debes dar para salir de esa situación. Al caminar, imagina que estás saliendo de la situación donde te sientes estancada.

¡Sigue adelante y sé una mujer imparable!

El éxito es una serie de buenas decisiones. Apila una sobre la otra y tendrás una vida extraordinaria. Muchas veces, pueden tratarse de pequeñas decisiones: por ejemplo, levantarte temprano para poder meditar o hacer ejercicio, o elegir pescado asado en vez de frito cuando sales a comer. Aun las grandes decisiones se toman en los pequeños momentos: por ejemplo, decir que "no" a una oportunidad que te alejará de tu propósito en vez de acercarte a él.

Entonces, ¿harás esa llamada o la seguirás dilatando? ¿Te pondrás tus zapatillas de tenis para ir al gimnasio o seguirás dando excusas? ¿Te sentarás y trabajarás en ese proyecto o pondrás en marcha la televisión? Considera estas estrategias para salir de tu estancamiento.

4 maneras de salir de tu estancamiento en cinco segundos

1. ¿Estás dilatando una llamada a alguien? Cuando termines de leer esto, llama a esa persona inmediatamente. No esperes a después. Hazlo *ahora* que estás motivada.
2. ¿No tienes valor para decir una verdad? Recuerda esto: todo lo que tienes que hacer es abrir tu boca y hablar...

con sinceridad y delicadeza. Eso es todo lo que se interpone entre tú y la verdad.

3. Pide la ayuda de alguien que sea una "persona de acción". A veces solo necesitamos estar con alguien que tenga visión, alguien que se mueva. La energía alta es contagiosa.

4. Deja de pensar en tu problema y piensa en una solución. Pregúntate: ¿cuál es el próximo paso fácil que me ayudará a avanzar hacia lo que yo quiero?

Sentirse estancada y estar estancada no es lo mismo. Los sentimientos son sinceros, pero no necesariamente son verdad. ¡Podría sentir ganas de golpear a la cajera desatenta, pero eso no es lo que debería hacer! Los sentimientos provienen de los pensamientos: lo que piensas de tu problema. Cambia lo que piensas y cambiarás lo que sientes. Cambia lo que sientes y cambiarás lo que haces.

Estar estancada es una decisión. Camina hacia lo que quieres. Aunque sea un paso de bebé, ¡avanza!

¿Qué puede ayudarte a avanzar?

¿Cuándo lo harás?

¿Conoces a alguien que tiene mucha energía y que siempre está avanzando aun frente a la adversidad? ¿Cuál es la lección más inspiradora que has aprendido de observarlo? ¿Cómo puedes usar eso para inspirarte en este momento?

Oración

Dios, a veces estoy tan cansada, que tengo ganas de darme por vencida. Y, cuando me siento así, me detengo. Dejo de avanzar. Incluso dudo del camino que debo seguir. Y ahí me estanco. Pero sé que tu voluntad para mí es que sea imparable: seguir en la dirección que tú me guías, aunque sea difícil, aunque no pueda ver lo que me depare ese camino. Con tu ayuda, decido seguir avanzando. Decido perseverar. Recuérdame que debo alzar la vista y enfocarme en mi sueño para que pueda ver el bello lugar que me espera por delante si persevero. Dame las fuerzas que necesito. Tú recibirás la gloria. Amén.

27

Aligera tu carga

Declaración

Hoy decido ir en busca de mi objetivo, libre de todo
lo que me estorba. No me voy a complicar con
compromisos, relaciones y pensamientos que no
contribuyen a hacer realidad mis sueños. Me remontaré
a las alturas donde Dios me está llamando.

Puntos clave

- No subestimes los recursos que necesitas para lograr tus objetivos.

- Aprende a concentrarte en menos cosas y a establecer prioridades en la búsqueda de tus sueños.

*U*na joven estaba tomando lecciones de vuelo con el objetivo de convertirse en la persona más joven en volar por todo el país. Su padre quería acompañar a su hija y al instructor en el vuelo. Pero había algunos problemas... y graves. Con el combustible que se necesitaba, el tamaño de la aeronave y la altura de ascenso a lo largo de las Montañas Rocosas, llevar un pasajero más implicaba superar el límite de peso del aeroplano. Y otro motivo de preocupación eran las condiciones climáticas, que no eran las ideales. A pesar de todo eso, el piloto aceptó llevar un pasajero adicional y despegó en contra de su propio criterio.

Fue una decisión fatal. Al tratar de ascender a una mayor altitud, el avión se estrelló. Ese día los tres perdieron la vida.

Es una historia espantosamente trágica. Una muchacha que trataba de hacer realidad su sueño, un padre orgulloso que quería ver a su hija en acción y un piloto competente que no dijo que *no* cuando sabía que era la respuesta correcta. No puedo dejar de ver las lecciones de esta historia que pueden enseñarnos a dejar nuestra vida de limitaciones y desarrollar la resiliencia necesaria para ser imparables:

Di la verdad. Confía en tus instintos.

Hemos hablado de la importancia de convencernos de la verdad y de usar esa verdad desde un principio para tomar las decisiones correctas que nos ayuden a ser libres de las limitaciones. Cuando ignoramos nuestros instintos, que son un don de Dios y la voz del Espíritu Santo, entramos en una zona de peligro.

Ninguna de nosotras hace esto intencionadamente. La verdad es que no creemos que ignorar nuestros instintos redunde en algo tan dramático como la desdicha, un divorcio o incluso la muerte. Generalmente, el temor nos lleva a ignorar el instinto en favor de una decisión menos dolorosa en ese momento. En lugar de decirle que *no* a alguien, por ejemplo, le decimos que *sí* aunque no queremos hacerlo. En vez de terminar una relación disfuncional, seguimos en ella para evitar la confrontación y "mantener la paz". En realidad, no tenemos paz en absoluto.

Cuando dices la verdad, aligeras tu carga y eliminas todos los obstáculos que te impiden seguir el camino de la gracia y la paz. Una vez que estás en ese camino, puedes remontarte a mayores alturas. A veces puede significar permanecer en la tierra hasta que sea seguro despegar o suprimir las personas que te acompañan. Debes evitar todo peso que te impida ascender a las alturas donde Dios te está llamando. No todos pueden acompañarte a donde Dios te está llevando. Si no crees ni aceptas esa verdad, podrías limitar el potencial de tu vida.

Una visión grande requiere mucho combustible.

Muchas personas capaces viven atrapadas por sus limitaciones, porque ignoran la cantidad de energía que necesitan para alcanzar el próximo nivel. En el caso del vuelo que se estrelló, el avión tuvo que cargar más combustible, lo cual hizo que el aeroplano fuera más pesado. En consecuencia, agregar el peso de otro pasajero fue arriesgado. Cada kilo de más cuenta.

¿Qué significa esto para tu vida? Considera la visión que tienes para tu vida en el próximo año. Para ser imparable debes ascender a una mayor altitud. Y para eso, necesitas más combustible: pasión, personas, energía física, fortaleza espiritual, conocimiento y tal vez incluso un incremento financiero. Si subestimas la importancia de lo que te costará reunir todos esos recursos, podrías encontrarte en uno de dos dilemas.

Primero, podrías no tener suficiente combustible para ascender. Tal vez reuniste los recursos financieros, pero algunas de las personas que te rodean te detienen con su negatividad o su falta de apoyo moral. O adquiriste habilidades profesionales, pero descuidaste tu vida espiritual y, por consiguiente, no puedes escuchar a Dios y seguir su guía para superar los obstáculos.

Segundo, podrías tener los recursos, pero subestimas la cantidad de energía que necesitas para reunirlos. En consecuencia, te sobre-cargas con más actividad de la que puedes realizar y estás demasiado cargada para ascender a nuevas alturas en la vida. Estás, literalmente, abrumada.

> Despojémonos de todo peso y del pecado que nos asedia, y corramos con paciencia la carrera que tenemos por delante, puestos los ojos en Jesús, el autor y consumador de la fe (He. 12:1-2).

Cuanto más quieras ascender, más liviana debe ser tu carga.

Parece ilógico, pero para ser imparable debes estar menos ocu-pada, no más. Tendrás que decir que *no* con más frecuencia. Deberás estar concentrada en menos cosas, no en más. Las personas más exitosas del mundo son expertas en una sola cosa, no en diez. Esto podría significar que el elemento más importante de tu próximo paso sea empezar a suprimir cosas.

Me encanta lo que dice Jesús en Juan 15:2 cuando describe cómo dar "más fruto" (ascender a una mayor altitud, ser imparable): "todo pámpano que en mí no lleva fruto, [Dios] lo quitará; y todo aquel que lleva fruto, lo limpiará, para que lleve más fruto".

¡Sigue adelante y sé una mujer imparable!

No puedes permitirte llevar peso adicional al ascender. El peso adicional que no te ayuda a ascender es simplemente un peso que debes soportar y cargar. Necesitas energía y combustible que podrías usar para llevar adelante tu propósito, pero, en cambio, te distrae. ¿Qué "peso" consume tu energía en este momento y no te ayuda a cumplir los propósitos de Dios para tu vida?

_____

_____

_____

¿Qué necesitas para despojarte de ese peso y aligerar tu carga para poder ascender al próximo nivel al que Dios te está llamando?

_____

_____

_____

Oración

Señor, muéstrame qué suprimir de mi vida. ¿Cómo puedo aligerar mi carga? Quiero remontarme a nuevas alturas y no puedo hacerlo con el peso de las responsabilidades que no me pediste que tomara y cosas que no son para mí. Para ser sincera, la idea de soltar algunas cosas me asusta un poco. ¿Qué pasa si suprimo lo que no debo eliminar? Pero, Dios, no quiero permitir que el temor y la duda me impidan experimentar la vida maravillosa que tienes para mí. Te escucho, Señor. Escucho tu voz. Háblame y muéstrame cómo y qué carga aligerar: qué decir y qué hacer para acelerar este proceso. Ayúdame a dar mucho fruto. Amén.

28

Pide

Declaración

Hoy decido pedir lo que merezco. Me niego a permitir que el temor me limite financieramente porque no puedo negociar. Dios no me ha dado un espíritu de temor. A veces la clave para ser libre de mis limitaciones es estar dispuesta a hacerme valer.

Puntos clave

- Las mujeres son mucho menos propensas que los hombres a negociar a menos que se establezca que los términos son negociables.

- No pedir es un mal hábito que puedes cambiar a partir de ahora.

Si quieres ganar más dinero, empieza por cambiar este mal hábito

No sé tú, pero, en el transcurso de mi carrera, me he dado cuenta en algunas ocasiones que no me estaban pagando lo que me merecía por mi trabajo. De hecho, la primera vez que me ofrecieron un empleo fuera de la universidad, como encargada de relaciones públicas en un círculo deportivo, el salario que me ofrecieron era malísimo. Traté de imaginar cómo podría hacer para vivir con ese salario, pero la única manera de que me alcanzara el dinero cada mes era que mis padres subsidiaran la lastimosa oferta de la compañía; pero yo no había cursado todos esos años de licenciatura para que mis padres pagaran mis cuentas. No se me ocurrió decirle a la compañía que aceptaba el puesto si me pagaban más, de modo que simplemente rechacé el empleo. ¡Lo pienso y no lo puedo creer!

Si has escuchado el acalorado debate sobre el reclamo de las mujeres para que puedan recibir el mismo pago por igual trabajo, habrás escuchado las estadísticas de que las mujeres ganan un promedio de 77 centavos por cada dólar que ganan los hombres. Es una tendencia realmente alarmante.

Ganar menos por hacer exactamente el mismo trabajo a menudo se presenta, puntualmente, como un tema de sexismo. Pero el asunto es más profundo que eso. Es algo que menciono brevemente en *Las mujeres felices viven mejor*, en el capítulo sobre la receta para la felicidad que habla de las "sabias decisiones financieras". La cuestión es que, con demasiada frecuencia, las mujeres no piden más dinero. En cambio, los hombres sí.

Considera este extracto del libro:

> Una de las razones raramente discutidas de la brecha persistente entre la remuneración de los hombres y las mujeres podría ser el hecho de que los hombres son muchos más propensos a negociar que las mujeres. En un estudio realizado por el Buró Nacional de Investigación Económica, con casi 2.500 personas que buscaban empleo, se descubrió que cuando el empleador no señala explícitamente que los salarios son negociables, los hombres son más propensos que las mujeres a negociar. Pero cuando el empleador menciona explícitamente la posibilidad de negociar el salario, las mujeres son igual de propensas que los hombres a negociar… De modo que la brecha en la remuneración entre los hombres y las mujeres es significativamente más pronunciada en empleos donde la negociación del salario es ambigua.

Ciertamente, existen desigualdades de género, que están enraizadas en los prejuicios institucionalizados y la devaluación de los empleos tradicionalmente ocupados por mujeres. Sin embargo, las mujeres exitosas piensan diferente. No se limitan a enfocarse en el problema que escapa a su control y a verse como víctimas. En cambio, se preguntan: "¿Qué tengo bajo mi control que podría tener un efecto positivo sobre mi situación?". Tienes el control ya sea que negocies o no. Tienes el control ya sea que hables y pidas más o no. Tienes el control ya sea que te conformes con menos de lo que te mereces o tengas el valor de buscar la oportunidad de incrementar tus ingresos. No pedir es un mal hábito... uno que puedes cambiar ahora mismo. No te desmerezcas. Eleva tu nivel y pide más.

No recibes lo que mereces; sino lo que aceptas. Cree que vales y pide más.

Nunca olvidaré el momento cuando el dueño de una empresa que hacía años que contrataba oradores me dijo que yo podía pedir el doble de lo que estaba pidiendo. Lo miré anonadada. "Te estás quedando un poco corta —dijo—. Necesitas pedir más". La idea de pedir el doble de lo que había estado cobrando me pareció emocionante y, a la vez, aterrador. *¿Estará seguro de lo que dice?*, pensé. Pero yo sabía la respuesta. Él había contratado a cientos de oradores. Sabía lo que estaba diciendo. Y yo sabía que algunos oradores estaban ganando más. No eran mejores oradores que yo, ¡solo mejores negociadores!

Salí de la reunión y, a medio camino, hice caso a su consejo. Aunque todavía no tenía el valor de pedir el doble, la siguiente vez que me llamó una compañía le pedí una tarifa que era un 50% más alta que la anterior. El responsable de tomar la decisión ni se inmutó. ¡Como si tal cosa, un 50% de aumento por hacer exactamente el mismo trabajo!

Después de un año, di el salto que él me sugirió y pedí el doble de mis honorarios. Los clientes no salieron corriendo. De hecho, tuve más oportunidades que nunca de dar conferencias. Aumentar mi tarifa me ayudó a actualizar mi sistema de estudio del mercado y a trabajar más para ofrecer incluso algo de más valor. Fue un cambio radical para mí en lo personal, profesional y financiero. Tal vez hoy estés leyendo estas palabras, porque es hora de que tú también hagas un cambio radical.

¡Sigue adelante y sé una mujer imparable!

¿En qué ámbito de tu vida ha llegado el momento de pedir más?

_____

_____

_____

¿Qué te da temor que pueda suceder si lo haces?

_____

_____

_____

A pesar del temor que puedas tener, ¿pedirás más de todas formas?

Oración

Dios, ¿por qué vengo a ti hoy? Vengo a ti, porque a veces tengo tantas dudas de pedir que no sé bien lo que necesito. Por eso te pido que abras mis ojos para que pueda ver de qué manera permito que el temor o la falta de capacidad de negociación me impiden pedir ayuda o pedir lo que me merezco. ¡Es posible que la brecha entre donde estoy y donde quiero estar se encuentre en una pregunta de diez segundos! Muéstrame cuál es esa pregunta. Muéstrame a quién pedirle. Ayúdame a desarrollar valor y valentía de pedir. Dame la fortaleza de no sentirme disuadida, avergonzada o herida si la respuesta es "no" o "no por ahora". ¿Me darás la sabiduría y el valor que necesito para hacer la pregunta correcta a la persona correcta, que me ayude a progresar hoy? Gracias, Señor, por tu guía. Amén.

29
$\mathcal{E}$stás enojada, exprésalo

Declaración

Hoy decido permitirme ser humana y sentir lo que siento.
Es sano llorar, sentir enojo y experimentar mis emociones
en vez de contenerlas. Buscaré la manera saludable
de desahogarme y expresar mis emociones negativas.
Cuando lo haga, será como quitar el tapón de amargura,
negatividad o enojo, que obstruye mi drenaje emocional
para que pueda volver a fluir el amor, la fe y el valor.

Puntos clave

- Cuando expresas tus emociones, despejas el camino para poder avanzar.

- Las emociones negativas son normales, pero no son una excusa para lastimar a otros.

*L*os momentos de llanto son momentos que marcan un antes y un después. Incapaz de seguir reteniendo el flujo de emociones, esa corriente se desborda y sale, literalmente, en forma de lágrimas de nuestro interior. Llorar puede ser horrendo, especialmente cuando en el momento no puedes hacer nada para cambiar tus circunstancias. Pero el acto de llorar en sí te da lo que necesitas con tanta desesperación: un alivio. Llorar es sinceridad. Es tu cruda verdad. Y la pura verdad de tus lágrimas puede despejar las cosas que se interponen en el camino a la rendición.

Es un mito que llorar es una señal de debilidad. Tu disposición a permitirte sentir es una señal de verdadera fortaleza. De hecho, lo que ha detenido tu progreso podría ser que no has permitido que salgan a la superficie los sentimientos que pujan por salir. Y, dado que hacen fuerza para salir a la superficie mientras nosotras los empujamos hacia adentro, se forma una obstrucción emocional que nos reprime y nos impide avanzar libremente.

Recuerdo que una amiga me habló del cambio que había visto en mí después de ser libre de aquello que me impedía avanzar. "Te ves mucho más relajada ahora. Antes parecías como si estuvieras reprimida". Me horroricé. Nunca había pensado que alguien podía ver mi estrés o ansiedad. Pero ella lo había visto claro como el agua. Aunque yo nunca lo había visto de esa manera, ella tenía razón. Estaba "reprimida", porque estaba conteniendo mucho dentro de mí. Era desdichada y no quería que nadie lo supiera. Tenía miedo de que me juzgaran si mi vida no parecía perfecta. Esa apariencia reprimida era a causa de esconder la verdad y contener las lágrimas.

Nuestros momentos más claves, que marcan un antes y un después, a menudo vienen posteriormente a los grandes momentos de frustración y crisis emocional.

¡Sigue adelante y sé una mujer imparable!

Describe una situación cuando trataste de esconder tus verdaderas emociones.

Describe una situación cuando te permitiste mostrar lo que realmente estabas sintiendo.

¿Cuál fue el resultado de cada situación?

_____

_____

_____

Oración

Señor, ayúdame a expresar sanamente cualquier emoción que me impide seguir adelante. Ayúdame a procesar mis frustraciones y heridas en vez de guardarlas y ocultarlas. Restaura mi alma, Señor. Renueva mi espíritu. Dame el valor de admitir que necesito sanidad y la humildad de permitirme sentir lo que siento. Entonces, una vez que deje salir esas emociones, vuelve a darme compostura. Que tu Espíritu y tu sabiduría fluyan a través de mí. Amén.

30
Deja de mirar la puerta cerrada

Declaración

Hoy decido dejar el pasado atrás y mirar hacia adelante. Cuando me quedo mirando las puertas cerradas, no puedo ver las puertas y las ventanas que se abren frente a mí.

Puntos clave

* Aferrarte al pasado te agobia y produce una carga emocional demasiado pesada de llevar al futuro que Dios ha pensado para ti.

* Confía que Dios puede hacer que todas las cosas sean para bien.

Después de salir de un hoyo profundo en mi vida, comencé de nuevo e identifiqué cinco compromisos que debemos hacer para volver a empezar:

1. No voy a sentir lástima de mí misma.

2. No me quedaré mirando las puertas cerradas.

3. Voy a ir hasta lo más hondo para sacar todo el coraje que necesito.

4. Voy a controlar mis pensamientos. No me dejaré controlar por ellos.

5. Voy a creer que todas las cosas ayudan a bien.

Con los años, el compromiso que ha resonado más entre los lectores fue: "No me quedaré mirando las puertas cerradas". Una manera de estancarnos en la vida es pensar demasiado en cómo solían ser las cosas. Recordamos con nostalgia cómo era la vida antes y no aceptamos la vida como es ahora. Cuando no enfrentas una nueva normalidad, ya sea que vuelvas a estar sola después de varios años de casada, pierdas el empleo o pases por cualquier circunstancia que preferirías no atravesar, es imposible seguir adelante si insistes en que la vida debe ser lo que una vez fue para ser feliz y vivir exitosamente.

¡Sigue adelante y sé una mujer imparable!

¿Hay una situación del pasado que necesitas dejar atrás para poder avanzar hacia el futuro que Dios tiene para ti? ¿Qué temes que suceda si dejas atrás ese pasado?

_____

_____

_____

¿Qué esperas que pase si te abres a un futuro nuevo e incierto?

_____

_____

Oración

Señor, aunque algunas puertas se han cerrado, ayúdame a enfrentar el futuro con la visión de que vendrán cosas mejores. Cuando los pensamientos de lo que "debería haber sido" o "podría haber sido" no me dejan avanzar, te pido que por favor me recuerdes lo que "podría ser" si acepto el futuro con fe. Hoy decido confiar que si la puerta está cerrada es porque tú no quieres que pase por ella, al menos no en este momento. Decido creer que al final se abrirá una puerta mejor, pero no la podré ver si me quedo mirando la puerta cerrada detrás de mí. Ayúdame a superar mi desilusión. Fortaléceme para seguir caminando hacia el futuro que tengo por delante. Amén.

31

Sé buena contigo misma

Declaración

Hoy decido ser buena conmigo misma: tomarme un descanso cuando estoy cansada, pedir ayuda cuando lo necesito y aprender de mis errores en vez de castigarme por haberme equivocado. Cuando empiece a transitar el escabroso camino de la crítica, la vergüenza y las fechas límites irracionales, voy a hacer un alto, a respirar y a orar.

Puntos clave

- La fatiga que nos produce la búsqueda de nuestros objetivos es real. Repón energías o terminarás totalmente exhausta.

- Criticarte duramente a ti misma no te hace imparable, sino poco razonable.

- Perdonarte a ti misma te hace libre del lazo de la culpa y la vergüenza que provoca en ti el enemigo.

Un equipo de fútbol del primer año de una escuela secundaria pasaba por una racha de mala suerte. Tenían un entrenador que había sido muy bueno como jugador, pero no era tan bueno como entrenador. Estaban perdiendo todos los partidos de la temporada. Un padre pensó que la manera de motivar a su hijo a jugar mejor y ayudar al equipo era castigarlo cada vez que perdían. De hecho, el pobre chico recibía un castigo después de cada derrota. Podría argumentar que la medida del padre fue abusiva o, al menos, contraproducente. En el transcurso de la temporada, la motivación de su hijo se fue desvaneciendo hasta que ya no veía la hora de que se terminara el torneo. El deporte que una vez le había causado placer, ahora le causaba terror. Y, no solo eso, sino que ahora no quería intentar ningún otro deporte, porque pensaba que era exponerse al fracaso y al castigo.

¿Por qué te estás castigando?

Si cada vez que no logramos un objetivo —o no lo hacemos a la perfección— nos criticamos y nos castigamos, finalmente, nuestra motivación de seguir intentando puede empezar a disminuir. Pero, a diferencia de la historia anterior, nosotras mismas nos castigamos. Nuestras expectativas de lo que deberíamos lograr y cómo deberíamos hacerlo podrían ser irracionalmente altas. Si no te permites tener un margen de error, cuando te descarrías un poco podrías enfocarte tanto en tu error que pierdes la perspectiva. Si esperas hacer todo a la perfección, sin lugar a dudas te quedarás corta en algún momento.

Dios nos da gracia. Él mira nuestro corazón y nuestro esfuerzo. Él quiere que aprendamos de nuestros errores y que estos nos ayuden a crecer, no que pensemos en ellos todo el tiempo. Pensar o meditar todo el tiempo en lo que hicimos mal, nos impide avanzar. ¿Qué logras al castigarte? ¿De qué te sirve? Hacemos cualquier cosa por un beneficio. Ser libre de un mal hábito tiene que ver, en gran medida, con entender el beneficio que obtenemos de ese patrón de comportamiento. Estos son algunos "beneficios" comunes de castigarte a ti misma.

Te colocas en la posición de víctima. Como víctima, recibes toda la atención: y esto puede desviar la atención del verdadero problema. Puedes recibir la lástima de los demás y a veces incluso manipularlos de alguna manera. Si eres la víctima, quizás puedas evitar los juicios severos o las consecuencias. Tal vez estés buscando la compasión de los demás, y la victimización es una manera de obtenerla. A las personas compasivas les resulta difícil ignorar la grave situación de otros. Finalmente, quizás el juicio más importante que quieras evitar es el de Dios. ¡Ay! Si eres una víctima, tal vez Dios no te eche la culpa por no ser obediente. Después de todo, estabas bajo mucho estrés, temor o ansiedad. La situación era muy injusta. Las personas eran muy complicadas. ¿Cómo podía esperarse que hicieras frente a todo eso?

Genera distracción y te impide actuar. A veces castigarte es solo otra excusa para dilatar todo para más adelante. En vez de actuar, analizas, lloras, te enojas y te culpas por no hacer mejor las cosas.

Afianzamiento y motivación negativa. La posibilidad de evitar el dolor (castigarte a ti misma) puede considerarse un motivador. Gran parte de lo que hacemos se debe o bien a que queremos evitar el dolor, o que preferimos el gozo. El padre del jugador de fútbol, por ejemplo, intentó motivar a su hijo con la amenaza del dolor, con la esperanza de que el chico se motivara al querer evitar el dolor y que, de alguna forma, salvara al equipo de la derrota. Tú puedes hacer lo mismo por ti, pero de alguna manera quieres estar intrínsecamente motivada; es decir, que el deseo innato de vivir al máximo, hacer las cosas lo mejor posible y experimentar la recompensa de tener un propósito en la vida sea lo que te impulse. Cuando finalmente seas imparable será por tu deseo de experimentar una vida de fe, plena, con propósito y que agrade a Dios.

"Oración" por tus pecados. Esto se reduce al perdón. Nuestros pecados han sido perdonados. Pero la persona que se castiga a sí misma raras veces se perdona por sus propios pecados. Su línea de pensamiento es que ser dura con ella misma es la manera de pagar por los errores.

Atenuar el escarmiento de las verdaderas consecuencias. Si tu crítica hacia ti misma es más dura que la de los demás, entonces el juicio de ellos quizás no parezca tan implacable. En otras palabras, castigarte a ti misma puede ser un mecanismo de defensa, que te protege de las heridas y el rechazo.

Entonces, castigarte tiene sus beneficios. ¿Cuáles de los beneficios mencionados identificas como la razón principal de castigarte a ti misma cuando cometes un error en la búsqueda de tus objetivos?

¿Te estás dejando llevar por la ambición?

¿Cuál es el equilibrio ente la ambición y el contentamiento? ¿Existe y lo necesitas? La respuesta es sí. El equilibrio entre la ambición y el contentamiento se encuentra en tu capacidad de moverte a un ritmo divino: estar en completa armonía con la necesidad de descanso, recompensa y recuperación que Dios desea para ti. Lo que suele desviarnos de nuestro camino es privarnos del descanso, enfocarnos en la clase de recompensa incorrecta y no reponer las energías que necesitamos para perseverar frente a los obstáculos y los retos de la vida.

Primero, vamos a hablar del descanso. No caben dudas de que Dios nos creó para que descansemos. Él mismo descansó en el séptimo día. De alguna manera, hemos decidido que no necesitamos descansar tanto. Pensamos que podemos seguir y seguir sin sufrir las consecuencias de postergar el descanso. Investigadores han descubierto que la búsqueda de los objetivos produce una "fatiga crónica", lo cual respalda el concepto divino del descanso. La teoría de la fatiga crónica afirma que se requiere cierta cantidad de energía para lograr un objetivo. En tu búsqueda por lograr un objetivo, tu fuente de energía se agota. Esa fuente debe reponerse para que tengas la misma reserva de energía para tu objetivo siguiente. De lo contrario, los recursos personales disponibles para obtener el próximo logro se reducen. Si este ciclo continúa sin descanso y recuperación, finalmente, tu fuente de energía se agotará por completo. Ya sea que se llame fatiga crónica, agotamiento o cualquiera que sea el nombre, toma nota: necesitas descansar. Hay libertad en el descanso. Si no puedes tomarte un momento o un día de descanso, no eres libre.

Segundo, si las recompensas que estás buscando son desigualmente extrínsecas —enfocadas en un beneficio externo o materialista—, finalmente perderás la motivación. Además, motivarte sin recompensarte por hacer un progreso puede detener tu motivación.

Tercero, tómate tiempo para reponer energías. Reponerse no solo tiene que ver con descanso; sino con restauración. Al avanzar en tu camino, enfrentarás golpes que abollarán tu armadura, dañarán tu confianza e incluso tu sentido de la identidad. Cuando eso sucede, no solo necesitas descanso, sino que Dios restaure tu alma.

Puede haber lecciones que necesites aprender. Y no podrás avanzar y ser imparable hasta que las aprendas. Es esencial que seas buena contigo misma de tal manera que reconozcas cuándo necesitas hacer un alto, buscar a Dios y darle el tiempo y la oportunidad de hacer una obra de restauración en ti. Por ejemplo, si has tenido una relación sometida a heridas y enojos, necesitas más que una escapada romántica para que se produzca una restauración. En tus finanzas, podrías necesitar más que un buen aumento salarial para resolver tus problemas económicos. Un aumento no borrará la ejecución hipotecaria de tu informe crediticio. Eso llevará tiempo. Si debes someterte a una cirugía para soldar un hueso roto, podrías necesitar no solo descanso, sino también una rehabilitación para restaurar tu cuerpo a su plena capacidad.

Una de las diversas causas que nos impiden avanzar es que permitimos que la pura ambición o (como lo denomina la Biblia) la "vanagloria" nos impulse en la búsqueda incesante de objetivos sin el beneficio del descanso, la recompensa y la recuperación que necesitamos. Dios no es tirano. Él afirma que su yugo es fácil y ligera su carga. Él espera que tengamos una vida de fe, pero como la vida de fe que Él vivió: a un ritmo divino. Dios es bueno. Nosotras también deberíamos ser buenas con nosotras mismas.

¡Sigue adelante y sé una mujer imparable!

Sé buena contigo misma. Si quisieras tener descanso, recompensa y restauración en tu vida ¿qué harías diferente? Hazlo. Si no se te ocurre nada, prueba con estas ideas:

- Tómate un descanso.

- Tómate unas vacaciones.

- Deja algunas obligaciones y busca a Dios para que trate con tus heridas y las áreas de tu vida donde necesitas restauración.

- ¡Recompénsate por tus esfuerzos! Reconoce tus logros. Disminuye el ritmo de tu vida y disfruta del camino que tienes por delante.

Oración

Dios, ayúdame a ser buena conmigo misma. A veces no me tomo ningún descanso. Parece como si estuviera conduciendo a máxima velocidad para llegar a mi destino, ¡y ni siquiera festejo los logros que obtengo a lo largo del camino! Hasta aquí me has ayudado, Señor. Ahora ayúdame a darle importancia a mi progreso y a ir al ritmo divino que refleja tu sabiduría. Quiero caminar en tu perfecta voluntad. Solo entonces seré imparable. Amén.

32

Tolera el desorden

Declaración

Hoy decido aceptar el hecho de que a veces el caos es el primer paso hacia la claridad. Antes de poder organizar el "clóset" de mi vida, tengo que ver qué hay allí dentro. A menudo eso implica sacar todo fuera y tolerar el desorden mientras veo qué conservo, qué descarto y qué más necesito.

Puntos clave

- El progreso es un proceso.

- Ver el panorama general de las cosas es esencial para poner todo en perspectiva.

¿Te pusiste alguna vez a ordenar tu clóset y terminaste con un desorden más grande que si hubieras dejado todo tal cual? Pero entonces es demasiado tarde para volver a guardar todo como estaba. No, ya no puedes volver atrás. La única manera de acabar con ese desorden es terminar lo que empezaste.

Siempre te lleva más tiempo del que pensabas. Encuentras cosas que no esperabas encontrar; tal vez incluso algunos tesoros perdidos hace tiempo. "¡Aquí estaba mi anillo!". "¡Mira, un billete de 20 dólares!". El trabajo que pensaste que te llevaría una hora te lleva todo el día... o tal vez todo el fin de semana. Pero, cuando terminas, el sentimiento de triunfo es sumamente gratificante. Estás animada. Sabes dónde están las cosas. Tal vez hayas ordenado todo de una manera que te permite ser más productiva y eficiente. En vez de tener pavor de abrir el clóset y buscar desesperada tus zapatos, en realidad abres la puerta y te quedas admirando tu obra por un momento.

Lo mismo sucede cuando te propones salir de tu estancamiento. Tu situación puede parecerse a ese clóset desordenado. Cuando comienzas a dar pasos para salir de allí, todo parece ser un caos. Es más confuso de lo que pensabas. Te lleva más tiempo de lo planeado y es más complicado de lo que esperabas. Pero, si sigues adelante, llegará el momento cuando empezarás a ver una pequeña luz al final del túnel.

Y cuando nos decidimos a actuar en ese desorden caótico ocurre algo más. El proceso nos fuerza a decidir qué conservamos y qué descartamos. Pero también trae claridad sobre otro detalle: qué más necesitamos. Es difícil saber qué nos falta cuando ni siquiera sabemos lo que tenemos. Si buscamos claridad y dirección en nuestra vida, esta revelación es importante.

En nuestra vida real, a menudo tenemos miedo del caos. Siempre nos han dicho que debemos "mantener la calma". De modo que puede ser tentador seguir en la misma condición en vez de permitir el caos para poder reconstruir algo digno del propósito de Dios para nuestra vida. Esa conversación que necesitas tener podría echar todo a perder, pero, si está fundada en la verdad, hará que la relación sea más auténtica. Si empiezas a ir en una dirección distinta a tu carrera actual (que, si eres totalmente sincera, no es para ti) todo será caótico por un tiempo. Es posible que tengas que seguir dos carreras simultáneamente. Puede que tengas un trabajo principal y una segunda actividad. Quizás tengas que ir al trabajo y a la universidad a la vez y debas tener cuidado a quién le comentas tus planes para que no afecte negativamente el empleo con el que pagas tus cuentas en este momento.

El lapso entre ser libre de tus limitaciones y volverte imparable puede ser un tanto caótico. Cuando sacas todo de ese clóset, podrías darte cuenta de que ordenar tu vida significa enfrentar más obstáculos de los que esperabas. Prepárate para ellos. El progreso es un proceso, no un episodio. Persiste hasta alcanzar tu meta.

¡Sigue adelante y sé una mujer imparable!

Divide los proyectos que vienes dilatando en objetivos pequeños que te permitan sentir que estás haciendo progresos.

Piensa en una tarea que te parezca gigantesca. ¿Cómo podrías dividirla en fracciones viables? ¿Qué pasos darás hoy? ¿Para qué fecha tacharás esta tarea de tu lista de cosas para hacer?

_____

_____

_____

_____

¿Cómo celebrarás o reconocerás cada paso que des a lo largo del camino hasta alcanzar tu meta?

_____

_____

_____

_____

Oración

Dios, me siento abrumada por la situación caótica que estoy enfrentando. No sé qué camino seguir o cuándo debo actuar. No sé por dónde empezar. Siento que no tengo el control de esta situación y no estoy acostumbrada a esto. En consecuencia, me siento paralizada y no me puedo mover en ninguna dirección. Pero también creo que el caos es el primer paso hacia la claridad. Por eso te pido que me ayudes a relajarme en medio de lo que parece ser un caos. Ayúdame a encontrar el mensaje que se esconde detrás de este caos. Háblame claramente, Señor, para que sea imposible no entender lo que me quieres decir. Dame claridad en medio de este caos. Amén.

33

*B*usca una aplicación

Declaración

Hoy decido usar la tecnología para ser libre de mis limitaciones. Ya sea una aplicación que me ayude a tener un registro de mis hábitos alimenticios, un recordatorio en mi calendario o un *software* que simplifique lo que es complicado. Buscaré herramientas prácticas que me ayuden a alcanzar mi meta un poco más rápido.

Puntos clave

* No tienes que hacerlo sola. Busca herramientas que te ayuden a alcanzar tu meta.

* A veces, la mejor técnica para ser libre de tus limitaciones es ver qué te ayudó a avanzar en otras áreas de tu vida.

*D*ebería haber sabido que sucedería. Había llegado el momento de escribir el libro sobre cómo ser una mujer imparable, pero no lograba avanzar. Lo analizaba y pensaba demasiado. Hasta que sentada en la habitación de un hotel, mientras me preparaba para hablar en una conferencia que tendría a la mañana siguiente sobre cómo avanzar y ser imparable, me vino a la mente una simple herramienta.

Había empezado a usar una aplicación de aptitud física en mi teléfono celular y estaba sorprendida de cuánto más consciente y determinada estaba sobre la alimentación y el ejercicio físico. La aplicación me permitía establecer objetivos específicos y llevar un registro de mis comidas y ejercicios: ya fueran cuatro minutos de gimnasia o seis minutos de caminata en el aeropuerto con mi equipaje a cuestas. Al final del día, podía ver cómo me había ido en nutrición, calorías, grasas y mucho más. De pronto, empecé a hacer ejercicios físicos cada vez que podía y a cambiar un vaso de jugo por uno de agua. Mi esposo y yo éramos "amigos" en la aplicación, de modo que podíamos ver cómo le iba al otro. Había abandonado mi rutina de ejercicios, y ahora, de repente, la había retomado. Me había vuelto casi adicta a la pasta y a la salsa de queso, y ahora era feliz mientras me devoraba ensaladas de espinaca y aguacate. ¿Cómo podía una simple aplicación ayudarme a avanzar? Entonces se me ocurrió: "¡Ojalá hubiera una aplicación para escritores!".

A ver... quizás haya una aplicación. Efectivamente, encontré una. Puedo llevar un registro de cuánto escribo, durante cuánto tiempo y cuánto avancé en mi objetivo.

¡Sigue adelante y sé una mujer imparable!

A veces la mejor técnica para ser libre de nuestras limitaciones es ver qué nos ayudó a avanzar en otras áreas de nuestra vida. Piensa en un área donde una vez vivías limitada, pero ahora eres imparable. Encontraste una estrategia que te dio resultado y pudiste cambiar tus hábitos. ¿Qué te ayudó a dar el primer paso?

_____

_____

_____

_____

Ahora bien, ¿cómo puedes emplear una técnica similar en un área donde parece que no puedes avanzar?

_____

_____

_____

Oración

Señor, ya me has ayudado a ser libre de mis limitaciones en el pasado. Ahora te pido que me muestres cómo aprender de mis triunfos anteriores. Muéstrame las lecciones clave que me ayudaron a tener la victoria en otros momentos de mi vida. Ayúdame a usar esas lecciones para avanzar de una manera nueva. Ayúdame a tener creatividad y sabiduría para ver claramente y dame confianza para obtener la victoria en el presente. Amén.

34
Desea menos, consigue más

Declaración

Hoy decido tener lo suficiente. No correré tras un sueño
que no sea auténtico para mí y no me traiga felicidad
duradera. Decido ver la bendición en lo que tengo en lugar
de estar constantemente luchando por otras cosas.

Puntos clave

* Cuando ir tras un objetivo te genera dudas, podría ser
  un indicio de que ese objetivo no es auténtico para ti.

* Cuando continuamente te adaptas a circunstancias
  mejores, puedes llegar a creer que nunca es *suficiente* lo
  que tienes.

¿Alguna vez quisiste algo, pero cuando finalmente tenías
la oportunidad de conseguirlo te echaste atrás? Tal vez
te entusiasmó la idea de alcanzar una meta, pero no el proceso
de alcanzarla. Te imaginas en la línea de meta final: te ves bien
y todo lo que te rodea parece estar bien. Sin duda, ese debe ser
tu objetivo.

Pero ¿qué sucede si no lo es? ¿Qué pasa si ese objetivo es más
una fantasía sobre cómo debería ser tu vida? Pero, a decir verdad, no quieres hacer lo que sea necesario para que tu vida sea
así. Quizás la vida real no sea tan gratificante como lo sugiere
tu fantasía. Tal vez represente lo que otros esperan de ti, más de
lo que tú esperas de ti misma. O quizás, solo si eres realmente
sincera, *no te importa mucho lograr ese objetivo.* Puedes tomarlo o

dejarlo. Prefieres tomarlo, porque sería bueno. Pero "bueno" no es suficiente para el sacrificio de tiempo, energía e incluso relaciones que deberás hacer. Esto es lo que sientes en tu espíritu, pero te da temor sentirlo y reconocerlo.

A medida que maduras, te vuelves más selectiva con las cosas que consumen tu tiempo y energía. Puede ser fácil dejar de notar que estás yendo más allá de tu capacidad hasta que tratas de seguir haciendo las cosas al ritmo que llevabas antes de haber conseguido ese puesto laboral (es decir, más responsabilidad, tiempo y consecuencias) donde te pagan más, de haberte vuelto a casar, de tener hijos o padres que cuidar o, tal vez, incluso antes del divorcio que te ha dejado como único sostén del hogar. Es fácil no notarlo hasta que, un día, te das cuenta de que no puedes seguir más.

Lo que sucede es que no puedes hacer todo, pero sin duda puedes convencerte de que sí puedes. De alguna manera, te puedes estancar cuando siempre quieres más: cuando crees que lo que tienes no es suficiente y continuamente tomas nuevas responsabilidades. ¿Cuándo será suficiente? ¿Cuándo alcanzarás el éxito? ¿O acaso la búsqueda de una maravillosa vida, carrera, pareja o cuerpo no tiene fin?

Si la búsqueda es en vano, entonces tus esfuerzos son en vano. Y sin duda ese no es el plan de Dios para ti. Necesitas un momento para relajarte, disfrutar de lo que has logrado e incluso dejar de escalar por un tiempo y permitirte ser quien eres. Este podría ser un concepto difícil de comprender para aquellas personas que hemos crecido en una cultura de constante esfuerzo por lograr más cosas. Es necesario volver a definir qué es el éxito.

El problema es que pensamos que sabemos lo que nos hace felices. En *Las mujeres exitosas piensan diferente*, dediqué un capítulo entero a la idea de salir de la "rutina hedonista". Investigaciones revelan que los seres humanos somos malos pronosticadores de lo que nos hace felices. Estamos seguros de que lo sabemos y entonces corremos tras nuestros sueños. Cuando lo logramos, nos encanta. Somos felices… por un tiempo.

Luego nos acostumbramos a ello. Nuestra felicidad retrocede al nivel que tenía antes de conseguir lo que *pensábamos* que debíamos tener. Ahora insistimos en que si pudiéramos tener la *próxima* cosa, entonces seremos felices. Y el ciclo comienza una y otra vez. Nos adaptamos continuamente a las circunstancias mejores. Esto se llama adaptación hedonista.

Puedes salir de la rutina hedonista y contrarrestar la adaptación hedonista si comprendes que querer más cosas y conseguir más cosas no es el camino a la felicidad auténtica. Este concepto adquiere una relevancia particular cuando te das cuenta de que siempre quieres algo más, sin embargo, nunca te sientes satisfecha. Si siempre quieres otra cosa mejor, ten cuidado. Finalmente, podrías descubrir que incluso las cosas que solían entusiasmarte ya no te motivan a seguir adelante. Estás confundida y no entiendes por qué te sientes estancada. Deberías estar entusiasmada. Pero tal vez la emoción que una vez sentías por esa actividad ahora se ha disipado. Debes decidir que ya es suficiente y convencerte de que tienes que dejar de perseguir objetivos que no tienen un propósito para ti, que ya no significan nada para ti y que ya no son para ti.

Toma la determinación de querer menos cosas. No estoy diciendo que no tienes que "querer nada", sino que debes asegurarte de que tus "deseos" reflejen solo lo que es para ti en este momento. Esto puede implicar que empieces a tomarte más tiempo para aceptar compromisos o decir que sí a los pedidos. Deja de pensar que cuando llegue cierta etapa de la vida serás feliz. Habla con Dios y obedece lo que Él te diga. Necesitarás valor. Podría significar un gran cambio en tu manera de vivir o trabajar. Pero también te hará libre para experimentar la vida maravillosa que Dios tiene para ti.

Cuando dejas de creer que necesitas más, empiezas a querer menos cosas. Cuantas menos cosas quieres, más feliz eres. Y esto nos lleva a la pregunta original: ¿Pensaste alguna vez que querías hacer algo, pero cuando finalmente tuviste la oportunidad de hacerlo te echaste atrás? No lo tomes como una oportunidad de castigarte y forzarte a seguir adelante, sino de dar un paso atrás y de reflexionar en tus dudas. ¿Qué te dicen tus dudas? ¿Qué cambio debes hacer? La duda puede ser un tremendo don espiritual. Presta atención.

¡Sigue adelante y sé una mujer imparable!

¿Has desistido alguna vez en la búsqueda de un objetivo? ¿Qué te hizo cambiar de parecer?

_____

_____

_____

_____

Oración

Señor, tú me has bendecido abundantemente. Aunque no me bendijeras más, estoy agradecida por la gracia y la misericordia que me has mostrado, por el amor de mis amigos y mi familia, y por las oportunidades que he tenido. Es muy fácil caer en un patrón de conducta con el que siempre quiero más y espero más sin valorar lo que ya tengo en mi vida. Puede ser tentador creer que ser imparable tiene que ver con acumular más logros. Pero, Señor, hoy te pido que me ayudes a tener más contentamiento. Ayúdame a hallar paz y descanso en la abundancia que ya tengo en lugar de ser esclava de los constantes mensajes que me bombardean y me gritan: "Necesitas más. Todavía no has logrado nada. Aún no es suficiente". Ayúdame a hacer lo máximo por cumplir mi misión y a querer solo lo que tú quieres para mí... y a encontrar un profundo gozo en el proceso. Amén.

35
Toma impulso

Declaración

Decido hacer algo para avanzar un poco cada día. No
tienen que ser grandes cosas; sino las que me ayuden
a acercarme a mi meta. Aunque las grandes acciones
me entusiasman, las pequeñas cosas me ponen en
movimiento... en el instante. Cuando me enfoco en dar
pequeños pasos, tomo impulso y gano velocidad y ritmo.

Puntos clave

- Es fácil enfocarse en las grandes acciones, pero las pequeñas cosas y la constancia transforman tus hábitos, te dan energía y te conducen a tu destino.
- Aprende a dividir los grandes pasos en pequeños pasos.

Ser imparable tiene que ver, en gran parte, con tomar impulso.
El simple hecho de dar un paso, te ayuda a salir de tu estancamiento, pero solo avanzarás si *sigues caminando*. Muchos se equivocan en esa parte. Dan algunos pasos, pero en cierto momento se detienen. El punto decisivo es pensar cómo hacer para *no detenerse*.

Parece muy elemental. Y lo es. Pero, aunque parezca fácil, probablemente has notado que lo más fácil es seguir donde estás y contemplar la gran montaña de tu sueño, tu meta, tu destino que se encuentra frente a ti.

Visualiza la escena conmigo por un momento. Estás tú, pequeña, al pie de una montaña, mirando la cima. ¡Esa montaña tiene más de 2.000 m de altura y tú ni siquiera llegas a 2 m! Mientras miras hacia arriba, la idea de poder conquistar esa montaña parece irracional. Es enorme... realmente enorme. Tú pareces diminuta frente a esa mole gigantesca. Por momentos, sientes que no sabes por dónde empezar. Ahí es cuando las cosas se empiezan a poner borrosas. Aparece el temor y te sientes apabullada. ¿Quién te crees que eres? ¿Qué te hace pensar que puedes conquistar esa enorme montaña? ¿Cómo lo harás? Estas son las grandes preguntas para responder, en realidad, un juego de interrogantes condicionales por resolver.

Responder la última pregunta es bastante simple. Yo lo llamo "fraccionamiento", y hay cuatro reglas simples que te ayudarán a hacerlo. Fraccionar significa, sencillamente, dividir tus pasos en pequeñas medidas viables que puedas tomar *hoy*. Una "fracción" no es algo que te lleve días o semanas. Una fracción es un paso que puedes dar ahora mismo. Esta idea funciona, porque independientemente de lo que tengas que llevar a cabo, solo puedes dar un paso cada vez. Las pequeñas acciones no te apabullan. Sin embargo, la serie de pequeñas acciones se vuelve monumental cuando intentas realizarlas todas a la vez. Puedes fraccionar tus pasos de la siguiente manera:

1. Haz una lista de absolutamente todo lo que piensas que debe suceder para que llegues a tu destino. Esta lista no tiene que estar en orden. Solo debe ser exhaustiva. Escribe todo en una hoja de papel para que puedas mantener la lista visible.

2. Desglosa hasta el paso más pequeño. Las tareas para realizar que incluyas en tu lista no son factibles hasta que sean cosas que puedas hacer hoy: como en cinco minutos o, al menos, en un par de horas. Ahora bien, en algunos casos necesitarás repetir los pasos constantemente; pero, para ser clara, un proyecto que tome dos meses es demasiado grande. Divídelo en pequeños pasos que te ayuden a llegar a tu meta.

3. Elige el próximo paso viable que puedes dar para avanzar. ¡Hazlo! Una vez que lo has desglosado en pequeños pasos, tienes una variedad de acciones para elegir. La

clave es tomar impulso. A veces, ni siquiera importa que lo hagas en orden. Solo importa que hagas algo.

4. Cumple poco a poco tu lista de pasos a dar. La constancia es lo que te hace imparable. Aunque retrocedieras algunos pasos, te equivocaras o hicieras algo mal, sigue dando tus pequeños pasos de acción. Funciona igual que el entrenamiento de fuerza. Desarrollas resistencia, concentración y, finalmente, experimentas la vida que Dios ha diseñado para ti.

Juana había llegado a un punto muerto en la crianza de su hijo. Recientemente habían pasado unas vacaciones en familia junto a su esposo y su hijo, donde el mal comportamiento del niño había avergonzado a Juana y había expuesto su falta de control en la educación del pequeño. Era fácil disimular los problemas cuando estaban solo ellos tres en el hogar, pero, cuando estaban con familiares y amigos, la conducta de su hijo era llamativamente problemática; en especial, cuando los hijos de su hermana se comportaban muy bien. Juana sabía que había sido demasiado condescendiente. Además, su esposo viajaba cinco días a la semana y era de muy poca ayuda. Los fines de semana que regresaba al hogar, se sentía impotente por las travesuras de su hijo y demasiado exhausto para hacer algo al respecto.

Dado que la tarea de corregir el comportamiento de su hijo parecía tan gigantesca, le pedí a Juana que empezara a "fraccionarla". Esta es la lista que hizo:

• Hablar con su hermana sobre cómo criaba a sus hijos.

• Comprar algunos libros sobre la crianza de los hijos.

• Buscar actividades extracurriculares, que pudieran modificar positivamente su comportamiento.

• Elegir una actividad extracurricular de todas las disponibles.

• Orar por los problemas del niño.

- Perdonarse por sus "errores" en la crianza de su hijo.

- Hacer una lista de amistades de confianza que pudieran ser una red de apoyo.

- Decidir qué clase de apoyo necesita de sus amistades.

- Acercarse a amistades que la puedan apoyar.

- Buscar un matrimonio cristiano y un terapeuta familiar o *coach* en crianza de los hijos.

- Hablar con el terapeuta o el *coach* sobre su estrés y una mejora de la dinámica familiar.

- Establecer nuevas reglas o estrategias para usar con su hijo.

¡Juana confeccionó esta lista en menos de cinco minutos! Más adelante agregó más cosas a su lista, pero estos pasos eran bastante pequeños para poder empezar a actuar de inmediato. Debes proyectar pasos pequeños de tal manera que avanzar te parezca una tarea simple e inspiradora.

¡Sigue adelante y sé una mujer imparable!

¿Cómo sería "fraccionar" los pasos para dar y confeccionar tu propia lista? Identifica tu montaña y fracciona lo que harás en una lista inicial de pasos factibles que puedas dar en cuestión de minutos y en no más que un día:

_____

_____

_____

_____

_____

_____

_____

Oración

Señor, muéstrame los pasos factibles que quieres que dé. Ayúdame a identificarlos claramente y a tener la determinación de mantener la lista frente a mí a fin de tomar impulso con el tiempo. Confío que me ayudarás a avanzar si escucho tu voz. Muéstrame la visión. ¡Háblame claro! Amén.

36

Sé dueña de tu propia felicidad

Declaración

Hoy decido hallar gozo en mis circunstancias diarias.
Adoptaré una perspectiva positiva. No importa qué me
depare la vida. No permitiré que ninguna persona o situación
determinen mi actitud o mi respuesta, sino más bien voy
a asumir la responsabilidad de mi propia felicidad.

Puntos clave

- Tú eres responsable de tu propia felicidad. Hazte cargo de tus decisiones y de cada paso de tu vida.

- Si tienes una mala actitud, admítelo. Tu felicidad no está determinada por tus circunstancias.

- Cuando la irritación afecta tu actitud, es muy probable que tomes decisiones que más tarde lamentes.

"Toda persona es tan feliz como se propone serlo", señaló una vez Abraham Lincoln. Y tenía razón. Otra manera de vivir limitada es creer que tu felicidad se encuentra en las manos de las personas, las circunstancias e incluso de Dios mismo. Sin embargo, Dios no puede obligarte a ser agradecida, servir a otros, vivir tu propósito o ser feliz. Tus circunstancias pueden cambiar, pero si no puedes estar contenta con lo que tienes en este momento, pronto encontrarás una razón para ser infeliz con sus nuevas circunstancias.

¿Cómo puedes ser dueña de tu propia felicidad?

Hazte cargo de cada paso de tu vida. "Si no estás viviendo tu sueño, es probable que estés viviendo el sueño de otro", dijo una vez el pastor Dennis Rouse. Aunque sin duda es bueno ser parte de algo más grande que tú —un equipo, una sociedad, una organización— necesitas ser clara sobre la visión de Dios para *tu* vida. Necesitas un rumbo claro. Ora por él. Planifícalo. Sigue ese rumbo. Asume la responsabilidad de la dirección de tu vida en lugar de limitarte a hacer lo que otros quieren que hagas o ni siquiera tener una dirección clara.

Hazte cargo de tus decisiones. Cuando las decisiones son grandes, hazte cargo. Fíjate que tus decisiones producen un resultado. Esto es beneficioso, porque te ayuda a ver que cuantas más decisiones buenas tomes, más resultados buenos tendrás. De la misma manera, cuando tomes malas decisiones, admítelo. Pídele a Dios que te perdone y te enseñe una lección. Si en el proceso lastimas a alguien, pídele perdón a esa persona. Si en el proceso te lastimas a ti misma, perdónate a ti misma.

Decide tu actitud. Sí, algunas personas tienen una disposición alegre; pero, en gran parte, la felicidad es una *decisión*. Casi la mitad de tu felicidad (para ser más exacta, el 40% según los investigadores) se conforma por las decisiones deliberadas que tomas cada día: ser agradecida, relacionarte con los demás o hacer sonreír a alguien, por ejemplo. Si decides tener una mala actitud, admítelo. El mal humor ocurre, de modo que ten un plan para saber cómo responder en el momento. Diles a aquellos que te rodean que necesitas tiempo para calmarte. Reconoce que tu actitud no es la mejor y no hables mucho ya que lo que digas probablemente no caerá muy bien. Después, toma la decisión de tener una actitud mejor. Tú eres la única que puedes tomar esa decisión en tu vida.

Elige bien con quién pasas tiempo. La felicidad es contagiosa. Incluso las investigaciones lo confirman. Tener al menos una persona feliz en tu círculo íntimo aumenta tus posibilidades de ser feliz en un 15%. Incluso un aumento salarial de 10.000 dólares solo aumenta tu felicidad en un 10%. Asimismo, las personas desdichadas y pesimistas también son contagiosas. De modo que si quieres ser feliz, elige sabiamente tus compañías.

No esperes que cambien aquellos que no quieren cambiar. Pide que cambien, pero no dependas de que cambien. Ora por ellos, pero sigue adelante con los planes de Dios para tu vida. Tu trabajo es estar enfocada en tu visión e invitarlos a ser parte de ella.

¡Sigue adelante y sé una mujer imparable!

La última vez que estuviste de mal humor, ¿qué hiciste para cambiar de actitud?

_____

_____

_____

_____

_____

¿Cómo afecta tu actitud el resultado de una situación?

_____

_____

_____

_____

_____

Oración

Dios, muéstrame claramente cada vez que estoy saboteando mi propia vida cuando digo cosas que hacen morir mis sueños y hacen pedazos mis esperanzas. Cuando esté tentada a decir "no puedo", impúlsame en cambio a decir "todo lo puedo en Cristo que me fortalece". Cuando esté tentada a castigarme verbalmente, inspírame en cambio a reconocer mis esfuerzos y a ser buena conmigo misma. Cuando esté tentada a hablar de mis problemas, recuérdame que debo usar mis palabras para buscar soluciones. Transforma mis palabras de tal modo que reflejen lo que tú dices de mí: que soy una obra de tus manos, que soy amada, que soy valiente y fuerte y que tienes un propósito para mi vida. Amén.

37
Haz tu propio "resumen anual"

Declaración
Hoy decido reflexionar sobre las lecciones más importantes
que la vida me ha dado el último año. Con una actitud
introspectiva deliberada, veo las lecciones que aprendí
como grandes logros y me pregunto: "¿Cómo puedo
poner en práctica esas lecciones en este momento?".

Puntos clave

* Un resumen introspectivo te ayudará a ver cuánto más
  sabia eres este año comparado con el año pasado en esta
  misma época.

* Fíjate de qué manera tu progreso te permite ver cuán
  lejos has llegado y cuán imparable realmente eres.

_C_ada año somos bombardeadas con titulares de noticias que presentan el "resumen anual" de las mejores vestidas, las canciones más exitosas y los personajes más famosos del año. Pero a mí me gusta hacer mi propio "resumen anual", y no tiene que ser a finales de diciembre.

Reflexiona sobre los últimos doce meses y haz un resumen introspectivo que te permita ver cuánto más sabia eres este año comparado con el año pasado en la misma época. Fíjate de qué manera tu progreso te permite ver cuán lejos has llegado y cuán imparable realmente eres. "¡Dichoso el que halla la sabiduría y se encuentra con la inteligencia! ¡Son más provechosas que la plata! ¡Sus frutos son más valiosos que el oro refinado!", dice Proverbios 3:13-14 (RVC).

Conforme pasa el tiempo, deberías ser más sabia. Ya sea que pienses que las experiencias del último año fueron buenas o que fueron malas, cada una te ofrece la oportunidad de ser más sabia y estar mejor preparada para vivir sabiamente y superar las adversidades. Esto es lo que aprendí durante el último año. ¿Y tú?

La paciencia es relajante. Desde que entré al jardín de infancia un año antes de la edad establecida para ello, siempre he vivido acelerada. Le doy gran importancia a la rapidez. Ya sea por tener una agenda repleta de actividades, terminar la universidad en tres años o conducir con exceso de velocidad, siempre he corrido hasta alcanzar mis metas. Pero, este año, sentí un gran cambio en mi espíritu. Este año aprendí que la paciencia implica un enfoque más relajado de la vida. Ya sea que estés tratando de decidir si una relación es para ti o si es tiempo de cambiar de carrera, las respuestas no siempre llegan rápido. Acéptalo. Confía en que a menudo los tiempos de Dios no son tus tiempos, pero su tiempo es perfecto. En vez de acelerarte, relájate. Disfruta del camino.

El amor es acción. El verdadero amor es acción; es lo que haces porque decides amar a una persona de manera incondicional. No siempre es fácil, pero te permite tener la estabilidad de saber qué hacer independientemente de lo que haga el otro. Así es como Dios nos ama. A pesar de nuestras faltas y errores, nuestro egoísmo o pecado, Él nos ama. Nada de lo que hagamos puede cambiar esa realidad. ¿Puedes amar así?

La clave del éxito es la perseverancia. Este año ha sido el mejor año de nuestra empresa hasta el momento. En casi doce años de trabajo, hubo veces cando me sentí tentada a abandonar todo, buscar un empleo o dudar de mi decisión. Pero nunca cedí a esas tentaciones. En lo profundo de mi corazón, sé que es el llamado para mi vida. Es parte de quién soy. De modo que he perseverado en todo momento. Gracias a Dios. No puedo imaginarme haciendo otra cosa que no sea inspirarte a seguir adelante, ser imparable y experimentar la vida gratificante destinada para ti.

La felicidad es aceptar las cosas como son y decir: "Gracias por las circunstancias de mi vida". Sé que tienes metas. De hecho, como seres humanos no podemos ser felices sin metas. Necesitamos un propósito en la vida. Pero, mientras caminamos hacia nuestras metas, durante el ínterin cuando todavía no hemos conseguido lo que deseamos, hay una lección que aprender. Es un regalo. Es la oportunidad de aprender a ser felices *mientras* tanto, no solo *cuando lleguemos* a nuestro destino. Ser felices mientras esperamos, no solo felices cuando alcancemos nuestras metas. Cuando aprendes esto, descubres la clave del contentamiento. Acepta las cosas como son y busca razones para ser agradecida por lo que has logrado hasta ahora.

¡Sigue adelante y sé una mujer imparable!

Reflexiona sobre la sabiduría que has adquirido durante los últimos doce meses. ¿Qué has aprendido?

_____

_____

_____

_____

_____

_____

_____

¿Cómo pondrás en práctica en los próximos doce meses las lecciones que has aprendido?

_____

_____

_____

_____

_____

_____

Oración

Es muy fácil ver lo que todavía no he logrado; pero, Dios, ¡ayúdame a ver y celebrar lo que he logrado! Sé que tú te alegras por cada paso que doy. Ver mi progreso, me da esperanza y energía para seguir adelante. Por eso, ayúdame a reconocer mis logros, porque son razones para alabarte y para reconocer mis esfuerzos. Hoy, al evaluar mi progreso, ayúdame a ver la lección que puedo aprender mientras camino hacia mi meta. ¿Cuál es la lección más importante que quieres que aprenda del año que pasó? ¿Cuál es el logro más importante que obtuve? ¿Cuándo tuve que poner mi fe en acción? ¿Cuál es tu voluntad para mi vida en el próximo año? Revélame la respuesta, Dios. Quiero aprender cada una de las lecciones que me darán sabiduría mientras camino hacia mi destino. Amén.

38

Sé una embajadora de Dios

Declaración

Hoy decido glorificar a Dios con mi ejemplo. Daré un paso de fe y seré un ejemplo radiante de su Palabra hecha carne.

Puntos clave

* El propósito de seguir adelante y experimentar una vida maravillosa es más importante que tú.

* Dios quiere mostrar su inmenso poder a través de ti. Él quiere que seas luz a un mundo en tinieblas.

*E*sta mañana, mientras me estaba preparando para hablar en un retiro de mujeres, sentí esto en mi espíritu: "Háblales de tener una gran fe. Si han de llamarse cristianas, necesito que su fe sea para mi gloria".

Tal vez te has sentido motivada a seguir adelante y ser imparable para, finalmente, poder experimentar la vida que Dios diseñó para ti. Pero el propósito de que sigas adelante y experimentes esa vida maravillosa es más importante que tú. Solo mira a tu alrededor. Considera lo que ves en la televisión, tu comunidad, la música popular, el mundo en general. Todo es un caos. Los valores se han perdido. Las normas de cortesía casi han desaparecido. Lo que ahora parece normal en la televisión hubiera sido horroroso hace treinta años. Y las personas están heridas. Buscan respuestas. Buscan un milagro, una transformación. Buscan ejemplos para seguir que puedan mostrarles el camino a la felicidad y a una vida mejor. Pero, lamentablemente, si observan la vida del cristiano promedio de hoy, no estoy tan segura de que vean la clase de poder que les despierte intriga por conocer a Jesús.

Seguir adelante no se trata solo de dejar atrás los problemas y las dificultades del pasado, sino de ser una luz en un mundo en tinieblas. Vivir de tal manera que tu valor, amor y denuedo brillen y alumbren a quienes se crucen en tu camino. Dios quiere usarte. Quiere que seas una embajadora para quienes te rodean, de tal manera que Él pueda mostrar su inmenso poder a través de ti. Él quiere que el incrédulo pueda ver tu vida y decir: "¡Increíble! ¿Cuál es su arma secreta? ¿De dónde saca las fuerzas? ¿Qué la motiva? ¿Cómo es tan sabia?". Él quiere que el mundo vea a su iglesia como una fuente de respuestas, y Él no puede hacerlo si la iglesia está compuesta por un grupo de personas limitadas, con demasiado temor de cambiar.

De modo que en este momento te reto a comprometerte a mostrar que la Palabra de Dios es verdad en tu vida. Si crees que "para Dios todo es posible" (Mt. 19:26), entonces ¿estás lista para ser un ejemplo radiante de eso?

> Así que, somos embajadores en nombre de Cristo, como
> si Dios rogase por medio de nosotros (2 Co. 5:20).

¡Sigue adelante y sé una mujer imparable!

¿De qué manera te está impulsando Dios a dar un paso de fe y ser un ejemplo radiante de su Palabra hecha carne?

Oración

Señor amado, quiero ser tu embajadora. Quiero que tu poder obre en mí para transformar mi vida y dar vida a aquellos que me rodean. Muéstrame qué áreas de mi vida están limitadas por mis temores y dame poder, valor y determinación para lograr una victoria que glorifique tu nombre. Amén.

Conclusión

Acurrucada en una mecedora del patio trasero de una cabaña de madera a 150 kilómetros al norte de Atlanta, admiro las montañas del norte de Georgia. Soy una gran apasionada de las playas como toda una oriunda de Florida, pero pasé la mayor parte de mi infancia y adolescencia cerca de las montañas de Alemania y Colorado. Y hay algo en las montañas que me conecta a los deseos de mi corazón. Tal vez sea la imagen visual de estar más elevada que el resto, tener una perspectiva que me permite ver las cimas de las montañas, los valles y múltiples cumbres montañosas. La pacífica majestuosidad de las montañas parece agudizar mi capacidad de escuchar la voz suave y apacible de Dios, como si la visión de una montaña impresionante y majestuosa me inspirara a percibir el susurro de Dios a mi alma. El aire fresco y seco, y el ocasional ulular de un búho o el silbido de un cardenal colorado despierta la propia música de mi corazón. Esta semana vine aquí para escuchar la melodía de este libro. Para recibir una visión de ese lugar donde Dios quiere llevarnos a ti y a mí.

Al escribir estas palabras, levanto mi vista y, para mi deleite, veo un águila volando —mejor dicho, planeando— sobre la copa desnuda de los árboles del valle que se encuentra frente a mí. Sus alas están extendidas mientras surca los cielos. Es libre y vuela; tal como Dios te imagina a ti. De vez en cuando, agita sus alas un par de veces y luego vuelve a planear, sin esfuerzo aparente.

Tú también puedes levantar vuelo sin esfuerzo y despojarte de los temores y limitaciones —ya sean visibles o invisibles— que te impiden volar a nuevas alturas en cada área de tu vida... tus relaciones, tu trabajo, tu salud, tus finanzas y tu vida espiritual. Puedes dejar de vivir limitada y experimentar la vida ilimitada, plena y maravillosa que Dios tiene para ti.

Como ves, a pesar del hecho de que este es mi décimo libro, he vivido limitada varias veces. Cuando confieso que soy una desidiosa recuperada, nadie me puede creer. Eso es porque solo ven el resultado final: el libro que tienen en sus manos. Pero, desde mi perspectiva, conozco el camino tortuoso de la duda, la evasión, la dilación y la dura autocrítica que estaba transitando hasta que finalmente logré ser libre y avanzar. Hoy, con menos de dos meses de matrimonio, estoy aquí en las montañas con mi familia. El año pasado en esta misma época, era soltera y no tenía hijos. Hoy, estoy casada y tengo dos hijas por añadidura. Ya no vivo en el centro de la ciudad, sino en lo que para mí es un suburbio rural: un lugar que, inesperadamente, me gusta. Sin tráfico. Veo granjas y caballos mientras conduzco hasta la carretera interestatal. Y, si quiero, puedo llegar a la ciudad en menos de una hora.

Al terminar de escribir estas palabras, vuelvo a levantar la vista. El águila sigue volando, ahora junto a sus amigas. Quizás sea una señal de que es tiempo de que levantemos vuelo. Subamos juntas a las alturas donde Dios te está llamando. Allí te espera algo más, algo más grande, algo mejor. Es hora de seguir adelante y avanzar hacia la vida maravillosa que Dios ha diseñado para ti.

Acerca de la autora

Como una célebre escritora y *coach* personal y ejecutiva, que ha atendido clientes en más de cuarenta estados y ocho países, Valorie Burton ha escrito nueve libros sobre desarrollo personal, entre los que se incluyen *Las mujeres exitosas piensan diferente* y *Las mujeres felices viven mejor*. Es la fundadora del Instituto de *Coaching* y Psicología Positiva (CaPP), que provee herramientas y capacitación para desarrollar resiliencia, bienestar y productividad para la vida y el trabajo.

Es una invitada regular de los canales de televisión CNN, HLN y del programa televisivo, *Today*, donde ofrece consejos prácticos para la vida profesional y en general. También ha sido invitada al *Show del Dr. Oz,* el programa radial de Oprah, NPR, *Ebony, Essence, "O" The Oprah Magazine*, el *Chicago Tribune, Los Ángeles Times* y cientos otros. La clientela corporativa de Valorie incluye empresas multimillonarias como *Accenture, Black Entertainment Television* (BET), *Deloitte, General Mills*, la Corporación de *McDonald* y muchas más.

Únete a los 25.000 suscriptores de su boletín informativo semanal en www.valorieburton.com y visita su sitio web www.cappinstitute.com (solo en inglés).

Valorie Burton es una autora reconocida y *coach* profesional certificada que se dedica a ayudar a las mujeres a crear nuevos procesos de pensamiento que les permiten tener éxito en sus relaciones, sus finanzas, el trabajo, la salud y la vida espiritual. Con nuevos hábitos saludables, las mujeres descubrirán cómo:
- centrarse en las soluciones, y no en los problemas,
- ser valientes en vez de temerosas,
- cultivar relaciones intencionales,
- seguir sus sueños de forma constante,
- reforzar el músculo del dominio propio.

Las mujeres felices viven mejor

VALORIE BURTON

COACH EJECUTIVA Y PERSONAL CERTIFICADA

En *Las mujeres felices viven mejor*, la célebre escritora Valorie Burton revela el secreto de la felicidad personal. Ella presenta 13 recetas para la felicidad: opciones que pueden hacerte feliz en este preciso momento, aun en medio de las presiones en el trabajo, tus citas, tu matrimonio, la crianza de tus hijos, tu rutina de actividad física o tus salidas con amigas. Con estas recetas para la felicidad, aprenderás a:

- recuperarte más rápido del estrés y la adversidad,
- experimentar una mayor satisfacción en tu matrimonio y tus amistades,
- maximizar tus oportunidades profesionales y aumentar tus ingresos,
- combatir la depresión, los resfriados y otras enfermedades,
- ¡vivir más!

E D I T O R I A L
PORTAVOZ

NUESTRA VISIÓN

Maximizar el efecto de recursos cristianos de calidad que transforman vidas.

NUESTRA MISIÓN

Desarrollar y distribuir productos de calidad —con integridad y excelencia—, desde una perspectiva bíblica y confiable, que animen a las personas a conocer y servir a Jesucristo.

NUESTROS VALORES

Nuestros valores se encuentran fundamentados en la Biblia, fuente de toda verdad para hoy y para siempre. Nosotros ponemos en práctica estas verdades bíblicas como fundamento para las decisiones, normas y productos de nuestra compañía.

Valoramos la excelencia y la calidad
Valoramos la integridad y la confianza
Valoramos el mérito y la dignidad de los individuos
  y las relaciones
Valoramos el servicio
Valoramos la administración de los recursos

Para más información acerca de nuestra editorial y los productos que publicamos visite nuestra página en la red: www.portavoz.com